人文与社会译丛

刘东 主编 彭刚 副主编

读柏拉图

[德国]托马斯·A. 斯勒扎克 著

程炜 译

译林出版社

图书在版编目（CIP）数据

读柏拉图 / （德）托马斯·A. 斯勒扎克著；程炜译. —南京：译林出版社，2024.1

书名原文：Platon lesen

ISBN 978-7-5447-9025-3

I.读… II.①托… ②程… III.柏拉图（Platon 前427—前347）－哲学思想－研究 IV.B502.232

中国国家版本馆 CIP 数据核字（2023）第 241175 号

著作权合同登记号　图字：10-2022-458 号

读柏拉图［德国］托马斯 · A. 斯勒扎克／著　程炜／译

责任编辑　张海波　熊　钰
装帧设计　胡　苨
校　　对　戴小娥
责任印制　董　虎

原文出版　Frommann-Holzboog, 1993
出版发行　译林出版社
地　　址　南京市湖南路 1 号 A 楼
邮　　箱　yilin@yilin.com
网　　址　www.yilin.com
市场热线　025-86633278
排　　版　南京展望文化发展有限公司
印　　刷　江苏凤凰扬州鑫华印刷有限公司
开　　本　890 毫米 ×1240 毫米　1/32
印　　张　5.625
版　　次　2024 年 1 月第 1 版
印　　次　2024 年 1 月第 1 次印刷
书　　号　ISBN 978-7-5447-9025-3
定　　价　59.00 元

主编的话

刘　东

总算不负几年来的苦心——该为这套书写篇短序了。

此项翻译工程的缘起，先要追溯到自己内心的某些变化。虽说越来越惯于乡间的生活，每天只打一两通电话，但这种离群索居并不意味着我已修炼到了出家遁世的地步。毋宁说，坚守沉默少语的状态，倒是为了咬定问题不放，而且在当下的世道中，若还有哪路学说能引我出神，就不能只是玄妙得叫人着魔，还要有助于思入所属的社群。如此嘈嘈切切鼓荡难平的心气，或不免受了世事的恶刺激，不过也恰是这道底线，帮我部分摆脱了中西"精神分裂症"——至少我可以倚仗着中国文化的本根，去参验外缘的社会学说了，既然儒学作为一种本真的心向，正是要从对现世生活的终极肯定出发，把人间问题当成全部灵感的源头。

不宁惟是，这种从人文思入社会的诉求，还同国际学界的发展不期相合。擅长把捉非确定性问题的哲学，看来有点走出自我囿闭的低潮，而这又跟它把焦点对准了社会不无关系。现行通则的加速崩解和相互证伪，使得就算今后仍有普适的基准可言，也要有待于更加透辟的思力，正是在文明的此一根基处，批判的事业又有了用武之地。由此就决定了，尽管同在关注世俗的事务与规则，但跟既定框架内的策论不同，真正体现出人文关怀的社会学说，决不会是医头医脚式的小修小补，而必须以激进亢奋的姿态，去怀疑、颠覆和重估全部的价值预设。有意思的是，也许再没有哪个时代，会有这么多书生想要焕发制度智慧，这既凸显了文明的深层危机,又表达了超越的不竭潜力。

于是自然就想到翻译——把这些制度智慧引进汉语世界来。需要说明的是,尽管此类翻译向称严肃的学业,无论编者、译者还是读者,都会因其理论色彩和语言风格而备尝艰涩,但该工程却绝非寻常意义上的“纯学术”。此中辩谈的话题和学理,将会贴近我们的伦常日用,渗入我们的表象世界,改铸我们的公民文化,根本不容任何学院人垄断。同样,尽管这些选题大多分量厚重,且多为国外学府指定的必读书,也不必将其标榜为“新经典”。此类方生方成的思想实验,仍要应付尖刻的批判围攻,保持着知识创化时的紧张度,尚没有资格被当成享受保护的“老残遗产”。所以说白了:除非来此对话者早已功力尽失,这里就只有激活思想的马刺。

主持此类工程之烦难,足以让任何聪明人望而却步,大约也惟有愚钝如我者,才会在十年苦熬之余再作冯妇。然则晨钟暮鼓黄卷青灯中,毕竟尚有历代的高僧暗中相伴,他们和我声应气求,不甘心被宿命贬低为人类的亚种,遂把移译工作当成了日常功课,要以艰难的咀嚼咬穿文化的篱笆。师法着这些先烈,当初酝酿这套丛书时,我曾在哈佛费正清中心放胆讲道:“在作者、编者和读者间初步形成的这种‘良性循环’景象,作为整个社会多元分化进程的缩影,偏巧正跟我们的国运连在一起,如果我们至少眼下尚无理由否认,今后中国历史的主要变因之一,仍然在于大陆知识阶层的一念之中,那么我们就总还有权想象,在孔老夫子的故乡,中华民族其实就靠这么写着读着,而默默修持着自己的心念,而默默挑战着自身的极限!”惟愿认同此道者日众,则华夏一族虽历经劫难,终不致因我辈而沦为文化小国。

一九九九年六月于京郊溪翁庄

目 录

中译本序 001
前　言 001

一　阅读柏拉图的乐趣 003
二　读者将自身带入作品 006
三　个体接受的一个范例 008
四　读者可能的错误态度 011
五　不了解的，就是看不出的 014
六　柏拉图对话录的诸特征 021
七　对上述特征的疑问 023
八　柏拉图为谁写作 028
九　柏拉图的对话录是多声部的吗？
——现代对话理论 032

十　一个古典的释义理论　038
十一　《普罗塔戈拉》中的希默尼德阐释　043
十二　《斐德若》中的书写批判　046
十三　从哲学家与书写的关系出发对其进行规定　055
十四　τιμιώτερα的含义　059
十五　对话录中“对逻各斯的帮助”　064
十六　向本原的上升与哲学表达的界限　072
十七　一些空略段落　078
十八　《欧绪德谟》中的回忆学说和辩证法　090
十九　暗示对柏拉图文本的意谓　094
二十　柏拉图的戏剧技巧：一些范例　101
二十一　反讽　110
二十二　神话　113
二十三　独白与虚构对象的对话　117
二十四　对话录的诸特征：它们究竟意谓着什么？　120
二十五　对话形式如何并且为何被误解　127
二十六　内传主义与守密之别　131
二十七　柏拉图的哲学概念和对话录的目标设定　134

原书文献目录　138
日文版补充文献　145

中译本补充文献 147
征引文献索引 150
人名对照 161

中译本序

鄙人对柏拉图作品释义学的勾勒能以汉语呈献于中西文化新交流之始，于个人而言，可谓无上荣幸。此一新纪元将引向相互愈发深入的理解，这亦正是双方期望之所在。虽文化间之交通历程实包罗万象，而若鄙人之文字能为此贡献一份微薄之力，亦足以令人欣慰。

这里呈献的柏拉图阐释不仅出自国际上称为"图宾根学派"的特别立场，同时也是唯一一种阐释，其自身全然建立在柏拉图哲思的基础之上。除去柏拉图自身，这一阐释摒弃转用其他任何释义学上先定之法则。与此相应，柏翁之书写批判便在阐释中被视为旨归。就柏拉图书写作品之本性而言，《斐德若》(*Phaidros*) 274b—278e中意蕴深远的哲思，其生发力足以让人赞叹。

毋庸置疑，"图宾根"阐释对柏拉图本身的切近乃是这一导向在世界各地愈发深入人心的根据。《读柏拉图》迄今为止已被译为十六种文字。中文的译本乃第十七种，预计其他语种的译本也将紧随。对这本小书的关切实则来自世界各地学人之期望，就理解柏拉图对话而言，他们试图赢得足下更为坚实的基础与一方法上足以检验之路径。

恰恰柏拉图为四方读者厚爱，此绝非无本之木、无源之水：柏翁之思可视为泰西形上学本己之基。而越历十八世纪启蒙运动，当泰西文化愈发离弃其基督教遗产之时，柏拉图作为思者之意义却愈发引人瞩目：后世百家之学由其奠基，不仅基督神学之精要受惠于柏翁，甚至西土世俗化转向之后，柏翁哲学之生发力仍赫赫然不息。因此，他当仁不让地成为在上两代人中最广为流传的哲学著述家。

柏拉图之伟大不仅依于哲学，亦依于诗。既然哲学与诗常被视为难以彼此深入融贯的世界阐释，能通达此道则实为不易。就文艺与哲思深度相契而言，柏拉图之文千载独步于世。同时，柏翁之对话录——尽管仿者如云——仍旧因其微妙，甚或为众人视为不解之谜。因此，吾人仿佛亦就愈发需要一秘匙，以开启柏氏意向之门径，以窥其涯略。事实上，柏翁恰以书写批判之形式授吾人以纶键，此确为吾人之幸事。

然而柏拉图这一秘匙过去常常未被理解。其因也浅，不过依于柏氏之书写批判引至所谓哲学智慧传授之内传形态（esoterische Form）。此乃一罕见之悖论，沉于历史理解之泰西文化却长期无能以合宜之方式历史地理解柏拉图之内传术（Esoterik）。众人无心于描述抑或评估内传之术独有之历史与哲学前提，却将其与慎言守微（Geheimhaltung）混为一谈。这两百年来，恰为我等西人无能理解如此方式施行之爱智（Philosophieren），因其有悖于十七世纪以来对学术著作绝对公开性的设定。不过鄙人坚信，非西方世界的读者——亦包括中国的诸君——将更好地倾听柏拉图之心言：他仅将现实最终本原之思，以口传的方式托付给已登堂入室之人。

柏拉图的这一抉择不必引发疑虑，以为吾人虽矻矻然而无从得其真义：对话录间有直言而出，其自身不能给予之物与口传辩证法额外之所能，可通过回溯柏翁之卓越弟子亚里士多德的述记而确然赢得。如是，对话作品作为直接文献与亚里士多德传统的间接文献应互补阙疑。既然对话录指示其自身无意成为自足之典，吾人当下亦不再将其视为自足之文来览阅，而是以之为引向间接流传之本原论（Theorie der Prinzipien）的宏伟引导。于此，无论作品之文华，抑或著者之心意，吾人均可观其堂奥。

托马斯·亚历山大·斯勒扎克
2007年1月8日于图宾根

前　言

柏拉图本来就从不缺少读者,也不必担心将来可能缺少。

如果现在,在Legenda[①]系列丛书的第一卷,柏拉图成为我们关注的对象——这一系列正是处理“应该被阅读”的文本,并希望由此邀请、吸引、引领、指导读者进入文本阅读——那么仿佛就像号召去做某种其实已经开启之事。

毫无疑问,柏拉图当然不是现今才第一次被“发现”。然而对柏拉图的阅读仍有其特殊性。确实再没有一个哲学作者曾像柏拉图那样,既将书写作为知识传达的工具,又以一种近乎分裂的态度对待之。对话形式有权被视为面对书写文字时某种异乎寻常的反思方式;然而柏拉图试图通过这种方式达到什么,却向来争议重重。这样,亚里士多德曾就普遍意义的真理探寻之所言,就尤其适用于对柏拉图的阅读,即:其一方面是轻而易举的,因为无人一无所获;另一方面又困难重重,因为无人达到必要的精善。

眼前Legenda的这一卷试图从“简易处”出发引申我们的主题,这

① Legenda来自拉丁语动词legere(阅读),字意为“应读之[书]”,“必读之[书]”。——译注

就是说，将从柏拉图处对我们现代人而言仍可直接通达的、尚无争议的地方出发，并以此作为向“难点”驶进的准备，即驶向柏拉图对话书写的特殊性。这些特征已经不符合我们近代以来哲学书写的习惯，并由此常常遭到误解甚至漠视。尽管如此，这却是理解柏拉图哲学的核心。

《读柏拉图》首先以意大利语的译本出版，标题为“Come leggere Plaone”[①]（Rusconi出版社，Milano 1991第一版，1992第二版）。此书本是为吉奥瓦尼·雷亚利[②]和他的助手们负责翻译的柏拉图对话录新全集之附录所作，目标读者群不仅仅是柏拉图的专家们——当然也包括他们，同时还包含哲学“专业”之外的普通读者。不过本书并不打算简单化或者“流行化”，而是面对日益扩大的柏拉图读者圈，尝试带领他们以一种新方式接近柏拉图对话录在释义学上的诸多难题，把握这种方式并非多年致力于此的专业人士之特权。

尽管于此筹划的柏拉图形象，在叙述的目标、手段和技术诸方面都在根本上偏离了弗里德里希·施莱尔马赫（Friedrich Schleiermacher）所奠基的浪漫派的解释范式，但本书的目的并不在于与其进行具体的论辩：为此可以参看《柏拉图与哲学的书写性》（*Platon und die*

① 即“如何读柏拉图”。——译注

② 吉奥瓦尼·雷亚利（Giovanni Reale），意大利古典学家，曾就学于米兰天主教大学、德国马堡大学及慕尼黑大学。他在米兰天主教大学建立了柏拉图研究中心，是图宾根学派在意大利的重要代表，由于他和同事与学生的共同努力，这一学派近年也被称为“图宾根—米兰学派”。他著有《第一哲学的观念与亚里士多德〈形而上学〉的统一性》（*Il concetto di filosofia prima e l'unità della Metafisica di Aristotele*）、《柏拉图的一个新阐释：未成文学说视域下的经典对话录的形而上学释义》（*Per una nuova interpretazione di Platone: rilettura della metafisica dei grandi dialoghi alla luce delle "Dottrine non scritte"*）、《欧洲文化与精神之根：“欧洲人”之再生》（*Radici culturali e spirituali dell'Europa: Per una rinascita dell' "uomo europeo"*）、《古代哲学史》（*Storia della filosofia antica*）五卷等，译注亚里士多德的《形而上学》（*Metafisica*）等。——译注

Schriftlichkeit der Philosophie)(Belrin / New York 1985),特别是方法论意义上的附录,见《对话形式的现代理论》(*Die moderne Theorie der Dialogform*),第331—375页。Rusconi出版社希望我一开始附带着说明这点,但相关知识决不是进入眼前这本书的前提。

本书的目标是提供一个对于柏拉图写作活动的解释,其足以经受《斐德若》中书写批判(Kritik der Schrift)的考验。对柏拉图自身贬低书写的贬低或者意欲扭转至其反面,正如在从浪漫派时代以来就广泛流行的并且甚至至今仍然流行的看法,并不能开启理解书写者柏拉图的道路。只有严肃对待柏拉图对书写的与口头的哲学活动的评价,人们才可以恰如其分地理解对话的技艺和意图。今天的读者必须克服某些特殊的近代以来形成的偏见和阻力,以适应作者的视野。

仅有这样,我想,那么依据柏拉图值得关注的自白,读者的阅读之喜也就与作者在书写的"阿多尼斯花圃"中的成功之喜相一致了(《斐德若》276d)。

这里我感谢Rusconi出版社的负责人,维瓦尼(Ferruccio Viviani)先生,免费提供本书在德国出版的版权。感谢出版家君特·霍茨布克(Günther Holzboog)先生对德文本的兴趣,感谢Frommann-Holzboog出版社的工作人员对手稿的悉心照料。同时也应该感谢我们的合作者克雷施克(O. Krischker)和施坦泽尔(K. -H. Stanzel)博士在校对和索引编制上的帮助。

托马斯·亚历山大·斯勒扎克

1993年1月25日于图宾根

献给我的妻子与孩子

一
阅读柏拉图的乐趣

读柏拉图首先意味着思想上独一无二的享受。与其所思打交道的乐趣不仅来自哲学戏剧（philosophische Dramen）技艺上的完善，而且读者会感到，自己不是单纯的旁观者，而是以某种方式置身于活生生的论辩之中。同时，这种论辩在大师手笔的描绘下，仿佛源自生活本身之中各色人物的自然交流。

直接和鲜活，一直以来就被激赏为希腊艺术与文化整体上的标志。而在希腊文化之内，亦罕有人达到类似柏拉图的高度。尽管他可谓是充满生趣的古风时期①与古典时期②精神的继承者，并且自觉地以反思的方式化用了一代代诗人和思想家的经验，但他同时也引发了这样的印象：哲学之提问无前提地开始于其所描绘的多彩雅典世界。

柏拉图的文学世界第二个同样重要的特征即其多元性和精神上的广大富饶。他对雅典氛围复述的直接性和可靠性绝不意味着：作为一个著述家（Schriftsteller），他屈从于这一世界的历史或然以及社会局限。

---

① 古风时期（Archaik）指约公元前650年到公元前475年。——译注

② 古典时期（Klassik），指约公元前475年到公元前330年，这一时期开始于希腊结束僭主统治，赢得希波战争的胜利之后。——译注

恰恰相反，柏拉图以诗人的独立姿态，将其故乡雅典与引发希腊精神史的一切联系起来。无疑，进行这种冒险时他可以联系历史实事，就像在
12 早期对话录中，他利用公元前五世纪来到雅典的伟大知识分子们，让他们出现在公众面前宣传各自的新教育。而当他在晚期作品中让始终匿名的“来自爱利亚（Elea）的客人”或者让巴门尼德本人（在以其命名的对话录中）来到雅典，在那里与青年苏格拉底一同进行哲思时，就不再考虑任何记传—历史之信度。在自然哲学对话录《蒂迈欧》（*Timaios*）中，一个外来的政治家和学者——我们通常认为他是毕达哥拉斯主义者，尽管并没有字面上的标识——在半是雅典人、半是外来者的圈子里，讲述宇宙如何通过德穆革（Demiurgos）的神圣理性得到构建。相反，在其最后的著作《礼法》（*Nomoi*）中，始终匿名的雅典人在异地，即克里特（Kreta），在两个保守的多立克（dorische）文化[①]的代言人面前反思自身城邦的文化，全面筹划了一个秩序井然的未来社会及其精神根基的蓝图。

似乎柏拉图通过选择谈话伙伴的文学技艺，不仅一次次拓展了精神的视域，也希望从整体上反映出纷繁的历史进程：首先，源自外邦的新自然哲学与社会哲学教育传入了政治上强势的雅典。通过与这种外来思想资源的论辩交流，雅典的概念哲学（Begriffsphilosophie）逐渐成形。这种哲学，一旦其方法被确定下来，就构成了更为深邃的论辩，并且触及公元前五世纪的思想根基——爱利亚学派、赫拉克利特和毕达
13 哥拉斯主义的哲学。对根基的检验最终导致这样的结果——正如在《礼法》中所形象表现的——严格的方法训练引发了一套政治—道德观念的产生，这套观念通过“雅典人”而传播至整个希腊世界。于是，我们以柏拉图早期到晚期的对话录中的谈话者为媒介，游历了雅典历史的发展，即从心智的接受到批判性的深化，最终达到典范般的创造。

① 这里等同于斯巴达文化。——译注

对话录的这种直接性、多样性和在暗中已不断显明的象征力量，使得柏拉图成为今日四海内——毋需考虑国别文化之差别——影响最为深远的哲学启蒙人。谁从柏拉图开始其哲思，即可自知立于正途。

当然，他生生不息的影响力绝不仅限于入门阶段。毋宁说真正令人叹服的是，柏拉图不仅确立了日后在欧洲被称为哲学的那一学问之标准，而且奠基式地提出了形而上学、认识论、伦理学、政治哲学诸本质问题，以至于即使面对两千五百多年硕果累累的发展，人们也不禁仍要关注其解决方案，至少要关注其问题之展开。

就今天读者阅读柏拉图的经验而言，这些恐怕亦是至为关键之因素。对尚未伪饰之原初的感触，坚持面对核心问题的信念以及对语言
与构思典范的体验，这些都为敏感的读者提供了心智上的乐趣，也正是 14
我们的出发点。

二
读者将自身带入作品

仅仅通过这一经验尚不能解释，为什么偏偏在谈及柏拉图之时，人们以超然之热诚，同时又异议百出地探讨应该如何阅读。对于此种情形，即使非专业人士也略有耳闻。柏拉图以文学形式向我们提供哲学内容，当读者遇见这种特殊的形式，自然伴随着方法上的疑问，而此种形式在其他思者那里并不具有柏拉图处那样深邃的意旨。因为他人从未曾像柏拉图那般，将表达的方式如此直接地与内容相系——对对话形式的正确理解和对柏拉图哲学概念的理解是互为条件的。而这里存有一悖论：恰恰是这一作者（而非其他人），尽管他能够传达直接的体验并仿佛引人自然寻得进入哲学问题之门径，自己却似乎亟需某种特殊的释义学。

柏拉图作品的释义学与作为独立学科的哲学释义学在其发展的两个关键点上紧密相接，这绝非偶然。正是重要的浪漫派哲学家、神学家弗里德里希·施莱尔马赫（1768—1834），一方面开拓性地反思了读者的主动角色，并由此出发引申出一套对话录的释义学，其基本框架
15 的有效性今天仍被众人推崇；另一方面，就正确解经（Exegese）而言，他重新清理了神学家们的古老难题，引发出一套普遍的释义学，人们可以将这视为现代释义学哲学真正的开端。在二十世纪，汉斯—格奥尔

格·伽达默尔（Hans-Georg Gadamer）一方面正是从柏拉图找到自身哲学的出发点，并且在其第一部著作《柏拉图的辩证伦理学》（*Platons dialektische Ethik*）（1931）中深化并具体演绎了施莱尔马赫论及形式对于内容之意谓的洞见，另一方面，他的代表作《真理与方法》（*Wahrheit und Methode*）（1960）则演化出了哲学释义学的新基础。

讨论应该怎样以正确的方式阅读柏拉图，最终是对读者将自身引入作品中的方式和方法的讨论。在阅读中，我们不可能与本来的自我相分离，不可能将我们多方面的有限性忽略不计，我们由之是自己在阅读过程中逐渐建构根本的要素，这些对任何方式的阅读而言，都是被普遍接受的。此外，在柏拉图那里还需要补充的是，正如一开始就提到的，读者几乎不可避免地感到，自己不仅仅是旁观者，而且是以一种难以言传的方式加入到自身追随的论辩之中——这就必然影响到读者对于文本回应的方式。读者个人在对话进程中深入地、亲身地参与，这显然不是柏拉图作品的一个偶然效果，也并非与作者之意愿全然相违。就此而论，我们所面对的难题不是尽可能地将接受中的主观因素排除出去，而是尽可能地导向实事本身［参照《斐多》（*Phaidon*）91c］。然而在刚踏上朝向这一鹄的之道路时，就仿佛到达终点那般抽离掉那些我
们身上妨碍接近目标的消极因素，恐怕并无助益，因为它们在合适的情 16
况下亦可能成为我们的帮手。这里，我们当然应该调动自己的整个自我本质（Wesen），而不仅仅是分析性的知性，来回应柏拉图的戏剧。那么问题就在于：读者应该以何种主动的方式来参与其中，他可以自发地对意义构建做出哪些贡献。

三
个体接受的一个范例

没有其他人曾像柏拉图那样清晰地意识到个体接受哲学时的受限性。他一再让我们体验到，一个对话者灵魂上的特殊状态如何妨碍他把握作者的意图。

其中一个最为著名的例子便是对话《高尔吉亚》(*Gorgias*)中的卡利克勒斯(Kallikles)了，此君是所谓强者自然权利的代言人。根据他的看法，如果有人在力量和权力上高人一等，那么其奴役他人并肆无忌惮地追逐自己的利益乃是天经地义。自然本身渴望强者之治；对正义的流行见解，即以群己之权界限制自我欲求之放纵，仅仅被视为弱者的意识形态构造。强者渴求冲动与愿望的无限满足，而弱者为求自保陷这一健康之欲于不义之境地(参《高尔吉亚》482c—486d)。

柏拉图本可以以一种平和之疏离引入此论题，使其贡献于伦理学原则的论证。不过事实上他未采取上述方式，而是让卡利克勒斯作为这一信条的代言人申述此立场。于是，这一论题不仅仅是某种理智的
17 “立场”，而且是病态的野心和放纵的自我中心论之直接表达。当苏格拉底以无可辩驳的理由向他证明，正义的传统概念是有意义的，而相反所谓强者的权力根本上就自相矛盾之时，卡利克勒斯就不再能够跟上苏格拉底了——但这并不在于理智上的缺陷，因为显然他丝毫不缺少

理智，而在于其性格的局限。文中已经明确说明，正是他无所顾忌的欲求妨碍他理解和接受苏格拉底理论上圆满的和道德上高贵的见地（参《高尔吉亚》513c）。

与苏格拉底相较，卡利克勒斯对自身恰有一颠倒之见解：他认可自己的渴望和欲求（《高尔吉亚》491e—492c）。他不知道，同时也不想知道，人高于他的欲求；人心中的理性不是服务于欲求的纯粹工具，而是某种神圣之力，其适于统治灵魂的低级部分。在这里，苏格拉底显然对人类心灵结构的相关理论已经成竹在胸（参《高尔吉亚》493a以下）——然而既然他看到，卡利克勒斯于此恐怕并无能力追随，他也就并不引申其论证，而仅以一些暗示了事。这些暗示，就整体而言，只有在《政制》（*Politeia*）中充分发展了的灵魂学说界域内才能得到理解。苏格拉底提醒卡利克勒斯：在不了解“小秘仪”（die Kleinen Mysterien）的前提下，“大秘仪”（die Groβen Mysterien）也是无从传授的；而卡利克勒斯本人恰恰连前者都没有搞懂（《高尔吉亚》497c）。换一个角度说：对柏拉图而言，只有回溯到人类心灵的内在结构，才能真正解决这个难题，而这不必传述给像卡利克勒斯这样的角色，因为他缺少充 18
分接受此种真理之前提。[①]这样，卡利克勒斯仅仅得到针对他个人（ad hominem）[②]的驳斥，因为苏格拉底只是在卡利克勒斯论证水准的高度指出其立场的矛盾性。

通过对这个文学形象惟妙惟肖的勾画，柏拉图明确地告诉我们，他的哲学要求完整的人。也就是说，它要求不仅仅拥有理智上的能力，同时还要求所传授的实事与接受传授的灵魂之间内在的亲和力。谁不准

---

① 于此也参看第96页以下。（译按：原文为第95页，据作者手校本改。）

② ad hominem本意指“从人出发”、“以人为导向”，与“从事实出发”、“以事实为导向”相对，有主观性、暂时性等特征。这里强调苏格拉底没有试图从根本上，即从事实出发驳斥卡利克勒斯，而是刻意有所保留。——译注

备进入到内心转换的进程中去，他也就没有资格获得充分的解答。

但是，不仅仅是朝向哲学家所代表的实事需要一个积极的态度。既然哲学活动（das Philosophieren）是每个个体与他人之间交流的过程，那么交谈对象之间相互的亲善（εὔνοια）也就必不可少。柏拉图以令人印象深刻的方式指出，因为卡利克勒斯没有友善地对待他的谈话伙伴[①]，也就因此放弃了与苏格拉底真正的交流。事实上，柏拉图确信，真正的哲思只有在同道之中才是可能的；如果哲学的论证应该取得实质的成果，它只能在“善意的辩驳”（εὐμενέσιν ἐλέγχοις，《书简七》344b5）中进行。这样的信念规定了所有对话录中的角色设置，除了《高尔吉亚》，它还可以从《吕西斯》（*Lysis*）、《会饮》（*Symposion*）、《斐德若》和《政制》中清晰地辨识出来。“友情”（Freundschaft）因此在这
19 里自然不能理解为主观上偶然（subjektiv-zufällig）的偏好，随即视为纯粹的情绪；而应该理解为来自“神性”（das Göttliche）、“永恒的存在者”（Immerseiende），最后是善的理念（die Idee des Guten）本身这三者共同的设定。

卡利克勒斯当然是一个极端的角色。柏拉图刻意挑衅般地将他刻画为毫无保留地公开认信非道德主义——这是对那些哲学反对者的挑衅，他们拒绝形而上学的灵魂学说和理念学说，因而与柏拉图的伦理学基础针锋相对；这同时也是对未来读者的刺激——因为我们心中至少都潜在地拥有一个卡利克勒斯。这一敌视基本伦理的形象饱含刺激又栩栩如生，它迫使我们——有意地或者更可能是无意地——去澄清我们自身对于“强者权利”的立场。

---

① 参我对此对话录的解释，见《柏拉图与哲学的书写性：早期和中期对话录的解释》，第191—207页，特别是第197页以下。

四
读者可能的错误态度

对交谈伙伴的友善本是任何真切理解的必要条件。不过当我们作为读者，并非面对活生生的交流，而是面对书写记叙时，树立正确态度的难度亦必然陡增，因为相对于亲自与某个伙伴交流，书本并不会纠正可能出现的错误态度。所以，对那些阅读柏拉图过程中可能出现的焦躁需要如实加以辨认并且予以抵制，这点就异常关键。根据过往的经验，恰恰在那些思想开明、颇有哲学兴趣、品位与教养俱佳的读者那里
容易出现这种焦躁，对此下文将予以特别的关注。人们应该认识到，这 20
实际上是柏拉图对于何谓正确哲学交流之理解的一个后果，并由此也是他的哲学概念的一个后果。只是，人们应该避免由于这些暂时性的迷误导致长期不能把握柏拉图的思想。

（a）当读者在窘境对话录[1]中，经过一次次徒劳的探索最终找不到

① 窘境对话录（die aporetischen Dialoge），通常指柏拉图早期的短篇对话录，如《拉贺斯》（*Laches*）、《吕西斯》、《卡尔米德》（*Charmides*）等，也称为“定义对话录”（Definitionsdialoge）或者“ti esti（按：希腊语，指“是什么”）对话录”。其特征为篇幅较为短小，通常考察一种德性的定义，但探寻通常没有建设性的结果，任何定义的尝试都充满缺憾，通常以无积极结论终止，或亦可言其结局是开放的。——译注

解答之时，他看不到那些不寻常的错误旅程之意义，而会轻易地以为，整个过程都徒劳无益，最多是一个所涉宽泛的开场白，而富含成果的哲学活动此时尚付诸阙如。

（b）在那些建构性的对话录[1]中，如果其中根本性的问题“当下”尚不能被澄清，或者说其必须在另一刻才被处理，人们就会不耐烦地问道：为何一个有价值的主题稍一露面就随即消失了；对更本质之物的不断暗示是否真的与柏拉图思想某些部分相合，或者这不过置读者于坦塔洛斯[2]之境地：对他而言，近在眼前的果实仅仅是诱人的骗局？

（c）早期和晚期对话录一个最终的共同点即对话领导者相对于其他参与者无可逆转之优势。人们尚能记得，在《礼法》中的“雅典人”以知识上的优势为雄厚根基，不断教导他那些外行的多立克朋友；人们或许也记得，“来自爱利亚的客人”以一种压倒性的优势与那些年轻人滔滔不绝地论辩。当对话参与者们处于不平等的状态之时，特别是“苏格拉底”看起来每次都不费吹灰之力便战胜了他的对手之时，竞争性的对话录（Dialoge mit agonalem Charakter）应提供的公平似乎被破坏了。
21 人们会质疑：这样一个在对话竞赛中战无不胜的冠军，无论其对手是谁，是多面手希庇阿（Hippias），还是偏激的卡利克勒斯，是易激动的特

① 建构性的对话录（die konstruktiven Dialoge），与上文所及的窘境对话录相对，通常指柏拉图的中晚期对话录。在这些对话录中，结果常常不再开放，而是对话引导者试图针对讨论问题给出自己的解答。——译注

② 坦塔洛斯（Tantalos）是宙斯的宠儿，他作为一个凡人参加众神会议和事务，然而终因得罪了众神而被打入冥界。对他被打入冥界的原因说法不一：一说因为他向人间泄露了宙斯的决定；二说因为他盗了神宴上的神食和琼液给凡人；三说因为他把自己的儿子佩洛普斯杀死给神食用，以此来考验神的智慧；四说因为他拿走了潘达瑞俄斯盗出的宙斯神庙里的金犬。坦塔洛斯被罚入冥界后，拘留在一个湖中央。他口干舌燥，但要低头喝水时，水就向四周退去，永远喝不到口；他的头上满树都是水果，但刚一伸手摘取，树枝马上抬高，使他永远吃不到口。——译注

拉叙马霍斯（Thrasymachos），还是美名远扬的普罗塔戈拉（Protagoras），抑或德高望重的高尔吉亚，他都能同样轻而易举地让对方俯首称臣，这可能吗？这无论如何都可谓异乎寻常，几乎难以置信；人们本能地希望有更多的平衡与平等，一些被惹恼的读者心中就可能开始反抗不可战胜的苏格拉底。

这些反应完全可以理解。人们回顾一下这些情境就能看到，如此反应与近代以来的两个典型观念相关：其一，对公平之追求；其二，对于无限制地公开背景的追求。我们这些生活在民主的、多元的、敌视权威的二十世纪的人们，无论有意还是无意，都强烈地为统治性的相对主义所影响，以至于自然以一种怀疑或者内在的反感看待占尽优势的“苏格拉底”或者“雅典人”——因为他们竟胆敢将自己代表的导向标识为唯一的真理——同时，我们自然视他们玩弄窘境的游戏（Spiel mit der Aporie）[①] 为缺乏坦诚，并感到，不断指示未来才可获得明见，这分明是对眼下要求的回避。不过与之相对，我们倒是应该发问，柏拉图以这样的创作，难道不是想告知某些对我们而言不是那么显而易见的特殊之物？难道这些观念不该回溯到某一哲学概念之上，这概念根本不同于二十世纪的信念，但正因此便能够补充和丰富这一信念？

从中我们看到，文本激发了读者对对话发生整体性的（不仅仅是理智上的）回应，这种回应同时包含着某种危险。谁没有发现自身可能就是导致扭曲的因素，谁就很可能局限在肤浅的理解之中。当然，导致扭 22
曲的原因未必仅在个体之主观，读者带入作品中的，不仅仅是其自身，更是整个时代。仅仅因为文本中的事物不合于时代的思想，它们就被忽视或得不到尊重。下面的实例应该可以直观地说明这点。

---

① 译按：Aporie来自希腊文的Aporia，原意指无路可行，这里可谓疑难、困境、窘境，这里主要关涉到柏拉图的早期对话录，参本章相关的译者注释。游戏（Spiel）对柏拉图也是核心的概念之一，特别是在《斐德若》中，参后文Szlezák的相关解读。

五
不了解的，就是看不出的

1.“隐藏”作为对话录的动机

自从施莱尔马赫揭示出，在柏拉图那里，对话录形式对内涵并非无关紧要，这就确立了解读柏拉图的任务在于研究作为对话录整体及其细节的戏剧艺术。可惜迄今无人能宣称，在这一任务的统领下相关研究已经取得了足够的进步。虽然个别的戏剧手法，如交谈伙伴的变换，个别反复出现的动机，如诗句的引用，都被反复描写，但是还有一个动机，因其陌生性和缺乏解释，始终没有得到重视。我以为这一动机即对知识的隐藏与刻意保留，由于它对柏拉图的作品意义重大，本应得到详细的论述和解读。

不过这一动机对我们而言是陌生的，因为在欧洲，很久以来人们就假定哲学与科学工作成果具有绝对公开性，由此也就不以为还存在这
23 样的可能，即有人将值得一提的结论刻意保留。[然而我们要注意，正如美国的社会学家罗伯特·弥尔顿（Robert K. Merton）证实的那样[①]，即便在十七世纪，决定公开心灵之创作也并非轻而易举的。将公开性想

① Merton：《科学的社会学》（*The Sociology of Science*），Chicago 1973，特别是第273页以下。

当然地划入更早的时代，恐怕过于天真，因为这是非历史的。]

既然“隐藏”作为动机在对话录中频繁出现，那么人们难免惊异，柏拉图到底缘何将其引入。苏格拉底的谈话伙伴们总是被怀疑不想公开或者不想完全公开他们的知识。他们或者为自身考虑而保守知识，比如赫拉克利特主义者克拉底鲁（Kratylos）或怪异的自吹自擂者兼神学家欧叙弗伦（Euthythron）所为；或者为了检验他人而有所保留，比如对智者普罗狄科[①]作为之推定；甚或为了欺骗他人而保留知识，正如克里底亚（Kritias）、卡利克勒斯、希庇阿和吟游诗人伊翁（Ion）对这一可能性的肯定[②]。如果在上述事例中这一对柏拉图而言显然异常关键的动机没有得到应有的重视尚可理解，那么在《欧绪德谟》这一形式极为完美的对话录中，人们没有注意到对知识的保守这一动机，则有些不可思议了。因为这一动机在此不仅参与了对话录结构之建构，并且也进一步规定了其内涵。如果没有对之相应的理解，对整个对话录意蕴的理解也只能是匮乏的。《欧绪德谟》的“情节”是苏格拉底试图引导欧绪德谟和狄奥尼索多斯（Dionysodoros）这两个智者将不严肃的胡闹与把戏一劳永逸地抛开，从而展示他们对严肃哲学所能贡献的东西。因 24
此，苏格拉底首先假定他们掌握着至关重要的洞见，但迄今一直故意保留而不愿公开。但当他没有成功地唤起智者的“严肃”时，他就建议二人不要再浪费自身的智慧了，而是应该维持像现在这样保守的姿态，因为正如他所说，“物以稀为贵”（das Seltene ist von Wert）（《欧绪德谟》

---

① 普罗狄科（Prodikos），来自柯沃斯（Keos）的智者，德谟克利特、高尔吉亚的同时代人，柏拉图曾数次称其为苏格拉底之师，并称其致力于语义学与词汇学研究。——译注

② 参《克拉底鲁》383b—384a；《欧叙弗伦》3d, 11b, 14c, 15e；《普罗塔戈拉》341d；《卡尔米德》174b；《高尔吉亚》499bc；《小希庇阿》(*Hippias minor*) 370e, 373b；《大希庇阿》(*Hippias maior*) 300cd；《伊翁》541e。

304b；我们下文还会涉及应该怎样解释苏格拉底的行为）。

柏拉图不仅将对哲学知识的刻意保留描画为作为一种个体可能的抉择，同时也视其为某一国家教育体系的组织措施。在较早的对话录《普罗塔戈拉》中，柏拉图幽默地勾画了“真实的”斯巴达的一个虚构景象。在那里，斯巴达人真正的长处不是作战，而是研究哲学。但因为斯巴达人不想让其他希腊人分有自己的智慧，于是他们不是偷偷摸摸地与思想领袖打交道，就是策划公开的排外运动，其真正目的无非是不想让外人看到他们的哲学活动。这样，其他希腊人就遗憾地没能意识到希腊最为古老与意义重大的哲学源头（《普罗塔戈拉》342a—e）。

与这个有些搞笑的虚构相比，更为重要的是两个国家乌托邦所提供的图景。在《政制》中，统治精英们进行哲学教育的具体日程安排以教育内容严格受限为前提。它规定，只有最有能力的人才可被引向至高原则，即善之理念的考察，这要从五十岁才开始（《政制》540a）。部分二十岁左右的青年，尤其是其中只拥有中等或者更低资质的人，会被排除到“最精确的教育”（die genauste Bildung）之外（503d）。如果他
25 们随处能够得到最后阶段哲学活动的信息——甚至以书面的形式，那么上面的规定就简直没有意义了。对于那些掌握着知识最高形式的人来说，倘若他们充满责任心地对待教育，这就意味着他们仅仅让做好准备的人通达此道（我们还将看到，苏格拉底自己便是在《政制》中如此行为的），那么长期地、辛勤地在基础教育阶段停留和按部就班地、决不过早地向较高层次过渡，就是相当合理的措施。在柏拉图晚期的理想国家筹划，即《礼法》中，国家的最高领导机构，也就是所谓的“夜委会”（der nächtliche Rat），一开始就笼罩着守密的氛围：克里特[①]理想国的普通公民对领导机构内部成员的抉择以及这些抉择的根据——相

---

① 克里特既是《礼法》中角色的谈话地点，也是“雅典人”试图筹划的国家的所在地。——译注

关信息和他们的教育情况——一无所知（《礼法》951d—952b, 961ab, 968de）。

2. 苏格拉底自身第知识的保守

根据目前的考察应该可以确定地说：不同于二十世纪的观念，在柏拉图那里对知识的保留显然是有着重大现实意义的核心观念。当我们进一步审视苏格拉底在《欧绪德谟》中的表现时，这将更为清楚地显明出来。我们已经提到过，他假定智者欧绪德谟和狄奥尼索多斯故意仅仅提供“游戏”，而哲学性的“严肃”则暂时藏在这些游戏背后引而不发。在整个对话中，他致力于努力引出对方“严肃性的”见解，不过最终逐渐清晰的却是：他们实际上除了足以迷惑青年的荒唐诡辩 26
之外一无所有。苏格拉底一开始对此就了然于胸，不过却坚持在智者的“游戏”背后存在着刻意隐藏的“严肃”，这是纯粹的反讽（Ironie）。

但为什么苏格拉底偏偏选择这种形式嘲弄反对者？看一看他自己在这一对话录中所影射的哲学理论尽管并没有以论证的方式展开它们，也足以澄清他的行为。这个“苏格拉底”显然对柏拉图式的回忆学说、理念论以及辩证法了然于胸。不过对今天的读者来说，只有通过细致比较《欧绪德谟》中的表述与其他对话录相关段落，特别是《美诺》（*Menon*）、《斐多》和《政制》，才能确定这一点。唯有把握了纵深的哲学背景，才能将那些以断片形式忽然插入的暗示联结成意味深长的整体。这意味着，如果我们单单占有了柏拉图的对话录《欧绪德谟》，那么我们还不能理解其中主要人物的哲学立场，就像对话录中的谈话伙伴显然不理解苏格拉底。换而言之，苏格拉底在《欧绪德谟》中的表现乃是“内传式的”（esoterisch）：他掌握着深层的奠基性知识，但认为没有必要对一方面根底尚浅，一方面资质也不适合哲学的人展示。柏拉图以为，只要情况适宜，在必要时保守哲学知识的能力，是现

27 实中哲学家的正面特性。当苏格拉底将这一正面特性归于显然根本没有资格的伪哲学家欧绪德谟和狄奥尼索多斯，并给予他们极高的赞扬时①，这可谓尖刻的嘲讽。

只要理解了《欧绪德谟》中微妙的反讽，也就不会将苏格拉底在这里及其他对话录中对守密（Geheimhaltung）的嘲笑误解为对柏拉图反内传立场的表达；而是认识到，他在此暗示，只有真正的哲学家才有能力做到意味深长的保留，才有能力本着对接受者负责任的态度传播适宜的知识。

相反的态度，即人们把知识兜售到市场上，如商贩大声标榜，试图尽可能大量地卖出商品，而不考虑听众的需要与教育状况，对柏拉图而言，便是智者的态度。根据其本质，智者正是反内传主义者。因此无须惊奇，柏拉图恰恰让普罗塔戈拉，公元前五世纪最为重要的智者，为知识传播根本的公开性做辩护陈词（《普罗塔戈拉》317bc）。

3. 对话录指向自身之外

除却其他许多例证②，对话录《卡尔米德》和《政制》也展示出，如果苏格拉底将知识不加区分地传给他人，那么他就不符合哲学家的理想形象。在《卡尔米德》演绎颇长的框架情节③中，他采用了从色雷斯

---

① 《欧绪德谟》的解释更为详尽的论证参看我的论文《苏格拉底对保密的嘲讽：论〈欧绪德谟〉中的爱智者形象》（Sokrates' Spott über Geheimhaltung），见《古代与西方》（*Antike und Abendland*）26，1980，第75—89页，亦见《柏拉图与哲学的书写性》中《欧绪德谟》一章，第49—65页。

② 几乎每一对话录都涉及相关主题。我已经试图在《柏拉图与哲学的书写性》中给出苏格拉底式的哲学教育之图景。

③ Rahmenhandlung，这里指进入正式问题讨论前的场景叙述与对话。——译注

进口的灵药（φάρμακον）这一透彻明晰的比喻。苏格拉底本可以将它 28
给予青年卡尔米德，以治疗后者的头痛——但他却没有如此行为，而是宣称，只有先对灵魂“施咒”，药性才可能生效（《卡尔米德》15e）。那么这里，医药本来已经可以使用却有意搁置，原因就在于接受者从哲学上看，尚没有达到有效吸纳它的程度。

在《政制》中，贯穿始终的“情节”就在于，格劳孔（Glaukon）与阿德曼托斯（Adeimantos）兄弟一直试图让苏格拉底讲授他对正义的看法。尽管苏格拉底对兄弟二人赞赏有加，但并不认为对他们讲授正义就是理所应当；毋宁说，为了让苏格拉底更多地表明其见地，二人需要不断施加新的“强迫”。具有决定意义的是，由格劳孔与阿德曼托斯所施加的“强迫”仅仅在一定程度上是成功的：苏格拉底虽然筹划了理想国的图景，同时他也说明了正义何在；但是当他被迫详细陈述“善的理念作为万物本原”的见地时，他就解释说，有许多，特别是最重要的东西，即善的“本质”（τί ἐστιν）之阐明被省略了（509c及506de）。当格劳孔稍后重新坚持并且希望获知苏格拉底仅仅勾画了轮廓的哲学辩证法时，苏格拉底才告诉谈话伙伴他小心翼翼地限制哲学教导的根据：这正是因为格劳孔自己的心智还没有成熟到能够接受苏格拉底了然在胸的详尽阐述（《政制》53a）。

以这个例子我们已经触及柏拉图对话录的核心结构特征：不仅仅
是《政制》有着如前所述的情节，几乎所有的对话录都或多或少地指 29
示了这一构思上的关键点。于此，对话引导者明确地宣称，关于正在处理的实事之最为本质的一面，他本可以有更多更重要的东西要说，但是他此时此地尚不会说出。由于这一情节对于正确理解柏拉图有着至关重要的意义，我们之后还会不断论及并打算称其为“空略之处”（Aussparungsstellen）。

所有这些在前几页已经描述的——谈话引导者总是不断怀疑谈话伙伴恐怕保留了他们的知识；接着，柏拉图通过《欧绪德谟》的“情节”

澄清了这一动机的意义；随后，在理想国家的筹划中，苏格拉底限制了通达哲学之路的可能性；进一步，这一存在于所有对话录的情节让人认识到，苏格拉底本人以严格限制接受者的方式，即以“内传的”方式传授其哲学；最后，甚至也论及了“空略之处”的明确表述——尽管一切是如此抢眼并亟需解释，这在近几代的现代柏拉图解读中却没有发挥任何作用。它们或者像苏格拉底谴责“内传术”的微妙游戏那般被根本忽视，或者如“空略之处”一样仅仅被部分把握并且被系统地误解为限制视域（Blickverengung）的结果。①

就像上面所暗示的那样，这种忽视与误读的原因就在于，我们整个
30 时代——自从启蒙以来的“现代”，也包括所谓“后现代”——已经不存在对哲学传播有意识的限制，因此对这种限制也就无从理解。人们仅仅看到他所认识的东西。

柏拉图不是为十九世纪和二十世纪的书籍文化写作。如果我们没有开始严肃地看到这个浅显但根本的见解，也就违背了我们试图通达柏拉图哲学的意愿。

在考察了《斐德若》中柏拉图的书写批判之后，我们就会明白，面对哲学知识传播的难题，柏拉图的立场何在（第十二章）。而在我们进入这一部分之前，我们必须努力揭示柏拉图对话形式上的（当然同时关涉到内容的）根本特点（第六章和第七章）并且自问，我们是否清楚了，柏拉图究竟为哪些人写作（第八章）；当他书写时，他是否已经确定了一个文本解释的理论（第九章和第十章）。

---

① 研究中对空略情节的处理参看《柏拉图与哲学的书写性》第324页以下，包括注释144。第一个清晰认识到这一情节意义的是克雷默（Hans Joachim Krämer），见其《柏拉图与亚里士多德论德性》（*Arete bei Platon und Aristoteles*），Heidelberg 1959，第389页以下。

六
柏拉图对话录的诸特征

下面尝试总结柏拉图对话录的本质特征，它们共同构成了一种对话录形态学的基本配置。就其整体而言，这些特征表达出对哲学知识之传播的某种认识，也间接表达出某一特定的哲学观念。

这里仅仅关注在柏拉图的创作中没有例外，或者那些几乎总能遇见的特征（比如，这里因此就不将窘境结局计算在内，尽管它对于一些柏拉图早期对话录而言乃是根本性的）。任何一种柏拉图对话录的理论原本都应该能够解释这些奠基性的特征，但是正如我们这里必须强 31
调的，在十九世纪与二十世纪才获得统治地位的反内传主义对话理论却只能部分地解释这些特征——这就清晰证明了，它必须为某一新的、更接近柏拉图信念的范型所取代。

（1）柏拉图的哲学作品毫无例外均以**交谈**（Gespräch）来表现。但在对话的框架内**长时间的独白**也是可能的。

（2）对话进行于某一确定的时间和地点之中。参加者们被刻画为贴近生活的个体，除了少数例外，均是历史上可以证实的人。

（3）每一对话录中均有一个形象明确地在其中担任引导角色。对话引导者的名字首先是“苏格拉底”。正如其他的参与者，他亦在个体层面上被刻画，并且他的形象一开始就倾向理想性的升华。在晚期对话录中，也可能是其他人引导对话；在这种情况下，引导者的个人信息显得比其他参与者更加含糊。

（4）对话引导者分别只和一个对象交谈。超过两个参加者的对话可归于对话的过渡，它展示出对话引导者将在对话中变换交谈对象。大篇幅的三人对话不会出现。对话引导者可以暂时中止与真实对象的交谈，而以与虚构对象典范般的对话取代之。

（5）对话引导者可以回击所有的指责。在竞赛性的对话中，他可以驳倒所有参与者，而自己始终无可撼动。所有确实推进对话的元素都由他提供（于此，当然有时他以“助产”术揭示“他人的”思想）。

32 （6）对话并不是逐渐地提升，而是可以说大多在防御攻击的过程中被突然地引向质的飞跃。

（7）对话引导者并不将论证引向结构上的终点，而是指示未来的诸主题、证明目标与工作领域。这些被指示的问题，从实事出发，本都应得到处理，但由于它们超出当前研究所能达到的深度与广度，于是被排除在外。因此，每一柏拉图对话录都有其空略之处。

七
对上述特征的疑问

柏拉图作品最为显著的特性大部分曾经为我们时代流行的思想模式草率地忽略。因为人们相信自己已经拥有了正确的答案，于是客观地对对话录遗产进行必要的发问也就一再被耽误。既然我们不应该成为一些流行误识的牺牲品，那么下文就将考察这些误识以及上述特征中的相关重要问题。

关于(1)：是否哲学活动对柏拉图而言仅仅在对话的意义上(dialogisch)才是可能的？它是否与“生存论式的交流”(existentielle Kommunikation)(在二十世纪生存哲学的意义上)相联系？并且对话录是哲学表述唯一可以构想的合法形式吗？

在此必须小心谨慎。我们当然不应该忘记，正是在对话录《普罗塔戈拉》中，柏拉图让苏格拉底坚持反对智者式的“长篇大论”(μακρὸς λόγος)，而提倡问答体(Frage-und-Antwort-Verfahren)；但也正是在这篇对话中，苏格拉底以系统讲辞的形式进行了长篇解说
(342a—347a)；此外他借助假想的谈话对象(关于柏拉图的这种艺术 33
方式，参看下面的第4点)暂时摆脱了同普罗塔戈拉在现实中的对话。这样从内容上看，苏格拉底所达到的结论并不依赖普罗塔戈拉对他

的回答[①]。由此可以证实，柏拉图时而将苏格拉底描绘为孤独的沉思者，时而让他利用所谓从前达成的共识（Homologien）与进行过的探讨，或者让他利用某一来自第三者的教导[②]：一切都清晰地表明，对话引导者根本不是**当下**（hic et nunc）才加工一切，而是将本质上已成形的思想方式和结论带入讨论。这就警告我们小心那些称颂“对话性”（das Dialogische）和“讨论的生动进程”（der lebendige Prozeβ des Diskutierens）的天真赞词。这里并没有拒绝思想之对话性的意义。依据柏拉图所言，思想是灵魂与其自身的对话[③]，也只有在这意义上而言，我们才谈及**思想**的对话性。苏格拉底确然认为，通过孤独之思所寻得的，也应该能够通过与他人对话的检验；将发现展示给他人并与之共同研讨，这是一种普遍的需要[④]。在此居于首位的是**根本的**可检验性。当苏格拉底强调，应该将一切交给**最好的**提问者与回答者来检验之时——正如他在《普罗塔戈拉》中所断言的——他指示的更多是他自己的思想而不是普罗塔戈拉这个人。但是如此根本的对话性，就其形式而言，却也可以享有非对话式的展现。柏拉图著作的非对话部
34 分透彻地展示出这点，比如《礼法》的第五章与第六章的大部分内容，《斐德若》中的爱若斯赋辞（Eros-Rede）以及《蒂迈欧》中同名人物至关重要的伟大独白：与简短提问和简练回答的方式一样，所有这些都是柏拉图哲学的真实表达。

柏拉图使用对话录这一形式也不应该误导我们相信，他希望保

---

① 尽管如此，与之完全不同的是，苏格拉底传授多少他的意见和洞察则分别依赖于他的谈话伙伴的反应，见第96页以下（译按：此处页码指原文页码，见本书边码，下同）。

② 《会饮》175b, 220cd;《克里同》（*Kriton*）49a;《美诺》81a;《高尔吉亚》493a;《大希庇阿》304d;《政制》505a3, 611b9—10;《斐多》100b5。

③ 《泰阿泰德》（*Theaitetos*）189e,《智者》（*Sophistes*）263e。

④ 《普罗塔戈拉》348d。

持“匿名”的状态，即将自己隐藏在虚构形象的诸观点背后。尽管对
柏拉图之“匿名性”的信仰仍然如此广泛，甚至一些颇有声望的研究
者也为之代言[①]，它仍旧仅仅是一种天真的迷误。人们确认柏拉图从
没有以其自己的名义说话，而仅仅戏剧性地构思了他人的种种意见之
争。这尽管初看起来像一种微妙的反思，但尚不足以称为刻意的匿名。
事实上，一位长时间保持匿名的哲学家乃是索伦·克尔恺郭尔（Søren
Kierkegard），他在各色的托名如克里马科斯和安替克里马科斯[②]背后代
表相互争执的见解：当人们最终意识到这些托名背后实际站着同一个
匿名者时，他们可能手足无措地问道，作者自己的意图究竟何在呢？而
在柏拉图那里根本没有诸如此类的东西：他从没有让他的作品在假名
下流传；至多他所想究竟为何，在那些窘境作品[③]中并非完全明了（从
消极层面上看，这些对话录其实也是极清晰的）。比如在古希腊没有读 35
者会怀疑，柏拉图自己也信仰灵魂的不死，无论他“仅仅”让苏格拉底，
还是蒂迈欧或者“雅典人”来为此观点论证；如果我们还想对之有所怀
疑，那只能说明我们缺乏精致的判断力。

关于（2）：将对话录的框架确定在一定的时间和地点内，正如将独特真实的历史角色引入其中，这始终指示了只有自己亲身投入，才有可能在哲学上登堂入室。然而，人们却也可能将这一特性误解为柏拉图强调最终结论的时代局限性——确实有人认为，柏拉图相信哲学家“不

---

① 比较早的例子如Heinrich von Stein：《柏拉图主义史七书》（*Sieben Bücher zur Geschichte des Platonismus*），Göttingen 1862，第一卷第11页以下；近年来有影响的当属Ludwig Edelstein：《柏拉图之匿名》（Platonic Anonymity），见《美国语文学学刊》（*American Journal of Philology*）83，1962，第1—22页。

② 两者均为克尔恺郭尔用过的笔名，而安替克里马科斯（Anticlimacus）的意思即为“反克里马科斯”（Anti-Climacus），这是利用Anti这一前缀所做的语言游戏。——译注

③ 即早期对话录，参第四章注。——译注

讲述他不会随即进行质疑的东西”；为了服务于这个信仰，柏拉图可以通过对话进程的个体化与人格化将本应找到的真理根本地相对化。

然而首先，柏拉图从来没有代表过此种意见；其次应该指出，对话情景与对话人物的“历史性”（Historizität）是一种在至高之诗的许可下被削弱的历史性。每一个对话参与者的目标是挣脱个体的束缚，导向应该永存的真理，这与读者的目标乃是一律。对话的情景与时间的有限性（Zeitbedingtheit）在这里是一种“理想的”或者说范例般的有限性，仅仅由此我们才能在其中辨认出我们自身的有限性。如果柏拉图的人物**仅仅**是历史的形象，那么他们的所作所为也就不会显得与我们如此切近了。不过，幸好他们不是在历史—偶然意义下的个体，而是——如果我们可以这样表达——以普世方式存在的个体。

关于（3）：毫无疑问，对于柏拉图而言，为“苏格拉底”或者其他对
36 话引导者设置心智上和个性上势均力敌的对手，或者相反将苏格拉底和其他辩证家描绘得不那么杰出，实际上都是可能的。奇怪的是，人们很少察觉一个势均力敌的交谈之缺陷，更少有人意识到其中的问题。我们不会略过这个问题以及另一个与之紧密相系的疑难，即为何柏拉图不是将对话引导者理想化，就是将他描绘得虚无缥缈。这两个问题再次指向柏拉图关于哲学知识传播的观念。如果柏拉图设置两个水平相当的对手，那么根本性的问题就会由于二者的不相上下而始终不能得到解答；而众所周知，柏拉图那里并没有如此**根本的**窘境（相反，早期对话录中的无结论窘境并不是持论水平相当的结果，何况这种困境在《政制》中已经被扬弃了）。我们必须发问怎样的哲学概念乃是设置不平等的人物形象之前提。

关于（4）：避免三人对话意味着，每一参加者的立场始终仅仅和对话引导者相关，并且为后者所纠正——其他立场的相互接触并不能产生什么成效。当和持某一立场的伙伴进行论辩却不足以引向有益的成果时，对话引导者可以自主地越过现实的界限，设置与虚构对象的讨论。比如，

这一虚构的对象包括，《礼法》第十卷中的无神论者，《会饮》中的蒂欧提玛（Diotima），以及《大希庇阿》中的苏格拉底的匿名家客（Hausgenose）。后两个例子还显示出柏拉图的“历史”角色如何被逐步任意拓展。

关于（5）：柏拉图决定在每一对话录中仅将领导权交给某一个角色；这一决定似乎并没有必然推出同时赋予这一角色相对他人的优先性，即他在**任何**情境下总是胜人一筹。由于这很难和当代的平等思想 37
协调一致，人们于是干脆驳斥柏拉图想将苏格拉底立为在所有意见之争中的战无不胜者。不过相比于对这种遗产的否认，在此更为有益的还是去追问，在这样戏剧化的抉择中表达了怎样的哲学概念。

关于（6）和（7）：当所达成的结论受到攻击，一个明确的“帮助”紧随而至，它以更为严格的思想方式和更深层次的论证在更高的层面上来确证这一结果。对《斐德若》的结尾部分书写批判的考索揭示了这一现象的意蕴。不过既然这一奠基性的文本迄今尚还没有成为描述柏拉图对话录结构的线索[①]，那么，尽管一些解释者注意到了对话录中论证层次忽然拔高的现象，却从没有将其作为柏拉图的要求——哲学家一定优于其讲辞（Logos）——正确地施以解读。

柏拉图的对话引导者可以刻意地在不同层面上进行哲思——这依赖于谈话伙伴，依赖于他们的需要和把握能力，依赖于“苏格拉底”选择的层面。他不会没有根据地跃向更高的水平：真正的哲学不是将自己整个提供给爱好者，而是希望自己被找寻。既然这不为人所理解——与之相对，人们更容易想到所谓纠缠不休、与任何人都在街上搞哲学的苏格拉底——那么为何作者有意识地限制上升运动也就相应地不被理解。如前所述，空略部分既没有被正确描述，也没有在它的运作 38
中被辨识，其作用最终在于越过书写而指向柏拉图的口传哲学。

① 在我的作品《柏拉图与哲学的书写性》中（参第18页的注释），我尝试弥补自从施莱尔马赫（他是这种探究方式的第一个萌芽）以来柏拉图研究的延误。

八
柏拉图为谁写作

如果我们能够确然说出柏拉图为哪一群体写作，那么这对评判上述列举的特征就具有重大价值。不过我们提出这个问题，并非仅仅是追随自命为“接受美学”[①]的文学理论流派的号召（其不过是古典语文学早先努力的继续，即指示作者原本对受众的需求与期待乃是文学发生与形成的构造性要素），毋宁说，在我们迄今的考察中已经从多方面表明，柏拉图早已清晰意识到哲学接受可能的多样性及其意义。这种意识会引向选择某一特定的阅读群体（Leserschaft）吗？

对于这个问题柏拉图没有一个相应的说明；既然他选择戏剧作为贯穿始终之表达，也不应该期待他给出这一说明。那么，这也就提示我们，答案要从对话录的内容与基调来推论。

不过就此而言，对话录提供的图景根本不是统一的。在广阔的可能性序列的一端是小型对话《克里同》（Kriton）：从苏格拉底心中人

---

① 接受美学（Rezeptionsästhetik）为德国六十年代兴起的文学流派，后影响至美国的读者反应批评，代表人物乃康斯坦茨大学（Universität Konstanz）的姚斯（Hans Robert Jauß）与伊瑟尔（Wolfgang Iser），其主要受现象学与释义学的影响，强调文学经验的历史性、文本阅读的视域交融、文本与读者的交流等。——译注

格化的律法警示他安心守在父母之邦，并且全文缺乏高难度的论证
来看，此文可能主要是为具有忠诚禀性的哲学业余爱好者所写。人 39
们可以将《蒂迈欧》置于另一极端：它不仅提供了一个意蕴深长的自
然本原学说，而且第二部分还含有种种高度专业化的自然科学结论。
显而易见，进入这类著作的前提是系统化的预习和掌握专业文献的
基本知识，它极可能是为专业人士或者受过相关教育的爱好者量身
定做。况且，部分刻意晦涩的表达与放弃对话性也要求读者拥有一
个不低的耐性（Durchstehvermögen）。《巴门尼德》的第二部分虽然
以问答体形式进行，却也要求读者的坚忍与敏锐。它严格集中于抽
象概念“一”与“多”的逻辑，由此故意放弃了柏拉图作品一般特有
的优美与生动。

《巴门尼德》的第二部分自称为“练习”（γυμνασία，《巴门尼德》135d7），它是对话引导者为在场的那些最为年轻与单纯的伙伴所定制（137bc）。年轻的哲学弟子们在晚期对话录《泰阿泰德》、《智者》、《政治家》（*Politikos*）、《菲勒布》（*Philebos*）中也是谈话参与者，他们的探讨和早期对话录中的探讨相比本身就具有某种学院式的专业性（Schulmäßig-Professionelles）。“方法练习”这一视角也在这些作品中被强调（例如，参《政治家》285c—287a，μελέτη[1]，286b1）。

从对话**内部**问题的接收人我们或许可以推断对话本身的接收人：
那么它们似乎首先为学园的学生们作为练习引导，同时也作为讨论的
基础所写。在柏拉图哲学预备教育的基础上，学生们一定要有能力解
决文本中的诸种谜团和疑难（Aporien），并补充论证的不足。由此，对 40
话中超出自身的指示（Über-sich-Hinausweisen）恐怕要和学园内哲学
授课框架下设想的实践用途联系起来或者由此来澄清。至少在这种
假设下，早期的窘境结局作品得到了意味深长的解读，这应该是无可争

① 意即“练习”。——译注

议的。[①]

就目前之所见，我们以为这三种不同的接受人群体均是可能的，即业余爱好者、接受过基础学术训练的人和柏拉图学园中的学生。此外若想将一团体与另一团体相互严格区分，恐怕也是有些武断的。谁若恰恰是初入学园，他的修为就很难和一个对哲学有兴趣的“门外汉”相区别；另一方面，可以设想一个禀赋极佳的“学生”在学园中进行高强度的学术研究，很短时间内他就在这一或者那一学科领域内已经是“专业人士”了。我们不要忘记：没有对话不关注哲学进阶者的兴趣；正如可以反过来看，没有对话录[②]是如此费解，以至于一个初学者在阅读时会一无所获。

柏拉图在《斐德若》中解释，书写著作（总的来说，其不值得过于严肃）最大的价值在于对于有识者提供了一种记忆上的支持（《斐德若》278a1）；哲学家为了自己年老后有一回忆之媒介而写作，游戏而
41 已——为自己，为每一个追随此印迹之人（276d1—4）。谁能与柏拉图踏上同一条道路？人们可以将他们仅仅限定为学园内的学生吗？如果我们设想一下，对话录确实曾首先是“课堂使用的练习册”——那就可以推出，他们“不可设想为为一个更为广泛的群体而作的文献”？[③]然而正是柏拉图意识到，一册书一旦被写成，就会毫无选择地在各色读者那里传播（《斐德若》275e）——如果他希望避免一个广泛的阅读群，他好像必须采取一些措施以防止他的书写四处传播。而在伊索克拉底（Isokrates）的著作中我们得到了同时代人的证言，即柏拉图的作品也

---

① 参Reinbold Merkelbach编辑、翻译并注疏的《柏拉图的〈美诺〉》(*Platons Menon*)，Frankfurt a. m. 1988，“导论”第5—10页；Michael Erler：《柏拉图对话录中的窘境之意义》(*Der Sinn der Aporien in den Dialogen Platons*)，Berlin/New York 1987。

② 也许唯一的例外是《巴门尼德》的第二部分。

③ 参R. Merkelbach，前揭，第1页，注6。

在学园之外被阅读；并且那些讲究文学形式的大手笔，像《斐多》、《会饮》、《欧绪德谟》与《斐德若》，可以确定是为有文学修养的公众而作。拥有着政治视野的作品，像《申辩》(*Apologie*)、《美诺》、《高尔吉亚》、《政制》，如果说它们仅是为志同道合的年轻人而作，这恐怕很难讲得通。最后应该想想那些强烈的劝勉(protreptisch)效应，它从柏拉图整个早期和中期著作中生发，并在晚期著作的部分章节中仍然可以被察觉到：从这一角度看，相关作品的目标首先是那些亲近哲学但尚未投身于其中的圈外人。

这样，尽管每一具体的对话录确实提出了对心智的不同要求，但一个有教养的公共群体仍是柏拉图的首要目标。不过从这些公众出发，
并不一定意味着其他团体要被排斥在外。简而言之：柏拉图为所有人 42
写作。

九

柏拉图的对话录是多声部的吗？——现代对话理论

如我们所看到，柏拉图知道，只要一个作品公开流传，就可能碰到各种类型的读者。他也知道，《普罗塔戈拉》中对希默尼德（Simonides）诗文的讨论证明（我们之后还要进一步处理此点），不同类型的读者倾向于从同样的文本中提取不同的东西。并且他有意识地为所有人写作，至少他著作的主要部分如此。

那么这就可以推出，他的目标是以同样的文本分别与不同的读者做特殊的攀谈吗？他利用一种文学技巧，这种技巧允许凭借同样的字句给这个读者阐明某样东西，同时给另一个读者阐明另一种东西？如果他握有这种技巧，那么他也就可以将最为本质的、必须言说的东西有意识地以某种方式传播，以至于只有某一类读者才能把握？

这里涉及的这个问题，由维特根斯坦的沉思意想不到地解释清楚了，这见于他为自己的《哲学评注》（Philosophische Bemerkungen）所做前言的一个早期稿本：[1]

---

① Ludwig Wittgenstein：《评注汇编：遗稿选》（*Vermischte Bemerkungen. Eine Auswahl aus dem Nachlaß*），由Georg Henrik von Wright及其助手Heikki Nyman编辑，Frankfurt a. M. 1977，第23页。

> “如果一本书仅仅为少数人写作，那么它就将展示出，只有少数人能理解它。书籍必须自动地促成区分理解它的人与不理解它的人。[……]如果你不想让某种人进一个房间，就要上把锁，而他们没有相应的钥匙。但是和他们说这些没有意义，除非你确实希望，他们从外部对这间屋子发出惊叹！适宜的方式是，在门前上这样一把锁，它仅仅引起有能力开启此门者的注目，其他的人则反之。” 43

作者给他的文本上一把“锁”，这把锁一开始就仅仅被某一类读者看见，并且随之也可以打开，维特根斯坦认为这是可能并且必要的。凭借这把锁，维特根斯坦企盼不能理解此书与可以理解此书的两类读者“**自动地**”区分开来。

维特根斯坦做出这般深思之时根本没有想到柏拉图。然而当他写作时，确实存在着一种超过一百年之久的柏拉图对话录理论。这种理论认为，柏拉图刻意通过书本“自动区分”读者，并且在对话录前悬了一把“锁”，预言有人去发现并开启这把锁。我以为，这就是已经多次提及的由弗里德里希·施莱尔马赫开创的对话录理论。既然他的主要思想在十九世纪和二十世纪以来广泛传播，我们也就可以将其称为“柏拉图对话的现代理论”。

根据这一理论，既然对话录可以自动疏远那些不合适的读者，那么它自己就有能力寻找自己的读者。既然它在新一次的阅读中开启出新的意义层，并因此回答相应读者之发问，那么它所言就并非一成不变。既然那些无知者的攻击根本没有触及深层次的意义，而那些有识者的怀疑也通过新的“答复”被平息，在这个意义上，柏拉图的对话录也可以帮助自己抵御攻击。根据这一理论，对话作品的这些能力使其成为一种“活”的文本（ein aktiver Text），成为一个读者必须和它一同尝试“谈话”的“伙伴”。

让我们首先确认一下，正是通过否定柏拉图在《斐德若》中完完全

44 全地归于书写（即γραφη）/的缺陷，“活的”对话作品才赢得了这些积极能力。柏拉图说，书写总是一成不变，不能回答问题，不能自己选择读者，也不能为自己辩护（《斐德若》275de）。柏拉图从来没有说，存在或者将来可能存在一种书写表达的形式可以克服书写文字的根本缺陷。只有口传哲学没有被这种缺陷所缚："有识者"（Wissende）可以在活生生的对话中寻找合适的伙伴；他可以不总以一种方式回答问题，面对指责时他可以为自己辩护（276ae）。

现代对话录理论相信，柏拉图书写的对话录可以根本上和“有识者生动的、附灵的（就是说口传的）言谈”（die lebendige und beseelte Rede）达成同样的成效，因此柏拉图也确然揭示出这一个与口传的哲学活动无异的领域。但这根本没有柏拉图文本的支持，不仅在《斐德若》里没有，在其他对话录中也没有。对话录作为唯一一种书写使用克服了书本特性的观点[1]根本上偏离了柏拉图，其合法性将由下文进行考察。

不过，在我们开始这个检验之前，应该先看一下涉及这一理论普遍特性的两个断言。

（1）对话形式的现代理论从一开始就有一个反内传主义的目标设
45 置，这延续至今。在施莱尔马赫之前，腾尼曼（W. G. Tennemann）在其书《柏拉图的哲学系统》（*System der platonischen Philosophie*）中论证了如下观点，即柏拉图从没有意图将自己的哲学完整地以书面形式来表述。为了反对这一见解，施莱尔马赫[2]将对话形式视为一种可以与口头对话相提并论的表达形式，这样也就确定了对话录就算不是以直接的，也是以间接表达的方式无所缺漏地代表了柏拉图哲学。自从施莱尔马赫以来，“间接表述”（die indirekte Mitteilung）被普遍接受为一种足以排

① 在弗里德兰德（Paul Friedländer）的表述中："对话录是作为书本唯一的形式，其仿佛扬弃了书本本身。" 见其著《柏拉图》卷一，1964第三版，第177页。

② 见柏拉图翻译的“导论”（卷I. 1，柏林1804，第5—36页）。

斥内传主义（Esoterik）的文学技艺。不过它是否能够满足这一要求，应单独考察。

（2）就上述倾向而言，人们可以将现代的对话录理论标识为"反内传主义的柏拉图阐释"（die antiesoterische Platonauslegung），它与二十世纪由罗班[1]、维尔佩特[2]、克雷默、盖瑟尔所代表的"内传式的解读"（die esoterische Deutung）针锋相对。遗憾的是，这一对立根本是引人误入歧途。因为施莱尔马赫从没有战胜或者克服内传主义，而仅仅——相应于德国浪漫派的整个趋向——将其内在化了，置于接受者的内心，或者用他自己的词汇，使其成为一种"读者的禀赋"（Beschaffenheit des Lesers）。施莱尔马赫及其追随者确实与"内传主义者"（Esoteriker）拥有同一见解，即柏拉图远没有将所有严肃的东西全盘托出。他们仅仅是反对柏拉图有意限制了哲学表达，并确信所有本质的东西就在书写中，不过隐藏在间接表述的技艺之下。那么这就要求读者竭力去成为一个"真实的内在倾听者"（ein wahrer Hörer des
Inneren）（施莱尔马赫语），或者用维特根斯坦的比喻，要求读者看到 46
"锁"并去开启。人们可以称这一结论的立场为"对话录内的内传主义"（dialogimmanente Esoterik）。此外，这种立场也接受对"内传主义"

① 罗班（Léon Robin），法国知名古典学家，著有《从亚里士多德看柏拉图的理念论与数论》（*La théorie platonicienne des idées et des nombres d'après Aristotle*）、《柏拉图爱的理论》（*La théorie platonicienne de l'amour*）、《希腊思想与科学精神之起源》（*La pensée grecque et les origines de l'esprit scientifique*）、《希腊化思想在伊壁鸠鲁处起源：方法、考证与历史诸疑问》（*La pensée hellénique des origines à Epicure: questions de méthode, de critique et d'histoire*）等。——译注

② 维尔佩特（Paul Wilpert），德国神学家、古典学者，著有《两部关于理念论的亚里士多德早期作品》（*Zwei aristotelische Frühschriften über die Ideenlehre*）、《托马斯·阿奎那的真理确证问题》（*Das Problem der Wahrheitssicherung bei Thomas von Aquin*）等，编译库萨的尼库拉（Nikolaus von Kues）作品多部。——译注

来说具有关键意义的区分，即区分“适宜的”与“不适宜的”接受者并且排除后者。不过按照前者的看法，这一区分乃是通过书本“自动”发起的。

于是，我们必须选择的不是“反内传主义的”和“内传主义的”柏拉图阐释，而是内传主义的两种形式：相对于“文本内的内传主义”（die textimmanente Esoterik）——人们或许也可以称其为“释义学的”内传主义（hermeneutische Esoterik）——是逾越对话的，或者说“历史的”内传主义（die dialogübersteigende oder historische Esoterik）：后者关注的是书面上从没有确定下来的本原学说（Prinzipienlehre）的历史现实性——当亚里士多德在《形而上学》（*Metaphysik*）中批评柏拉图时，总是偏爱指涉这一学说。

为能够从根本上判断这两个立场，就有必要引述关于文字多义性的古典理论以及介绍柏拉图对此的态度，并且首要的是具体考察他的书写批判（见第十二和十三章）。然而我们迄今为止的考察绝不让我们毫无原则地进入这一问题。

值得注意的是，现代的施莱尔马赫对话录理论漠视空略之处。这种漠然或轻视乃是必然的，因为它们原则上不符合这一理论的筹划。相应于维特根斯坦关于“房间”与“门”前之“锁”[①]的比喻，柏拉图的空
47 略处并不是提示对大众而言不可见的锁之在场，即不是提示维特根斯坦个人所明确拒绝的行为，而是确认还存在着其他的“房间”，在它们门前甚至根本没有读者。估计维特根斯坦也会否定这样的确认，既然他认为，谈论表述界限的唯一动机是作者希望他们“从外部对这间屋子发出惊叹”，所以他认为弄一把不显眼的锁“更合乎礼仪”。从这一评估出发，一些读者相应也就认为任何内传主义都总有点不合体统。然而很容易看到，还可能给出另一个不同于维特根斯坦所言的动机：比如

① 参见第42页的引用。

柏拉图非常希望，尽可能多的人进入他的“房间”，也包括最内部的房间，而没有合适准备的人则不行。与之相对，从外部发出惊叹对于他根本微不足道。出于这种态度，他可以公开指示其他“房间”的存在，而绝不违背维特根斯坦式的“礼仪”。

再者，现代对话理论使得对根本洞察的表述（间接的表述）纯粹依
赖于读者智性的高低。因为在某些人看来肤浅和无甚问题的字句和思
想背后发现某一深层的、“原本的”意义，这是语言分析、逻辑分析、记
忆与联想能力的成果，简而言之，是智性能力的结果。而在对《卡尔米
德》（上文第27页）场景的概览后，我们已经看到，苏格拉底掌有的灵丹
妙药要依赖卡尔米德首先在灵魂上与之“相适”才能生效，这意味着他
要先有“明智”（σωφροσύνη）这样的美德。我们同样看见，在《高尔吉
亚》中的卡利克勒斯并没有由于智性上的缺陷，而是由于其性格道德上 48
的状况而被排除在“大秘仪”之外。在《政制》中，柏拉图最后从根本
上讨论“哲学天性”（die philosophischen Naturen）里的必要品质时，相
对于强调智性，更强调伦理的优先性（《政制》485b—487a）。如果一种
表述“原本之物”的理论完全漠视这一条件，那就值得被略微谨慎地推
敲一下了。

十
一个古典的释义理论

认为一个文本可以交织着多个声音，至少交织两个声音的想法绝不是源于现代，这在柏拉图的时代也已经不是什么新东西了，至少泰奥格尼斯[①]（诗行681以下）或者品达（《奥林匹亚颂》2.83—86）的贵族读者圈对此耳熟能详。[②]它对公元前六世纪以来的荷马阐释（Homerexegese）也有着特殊的意义。在整个古风时期，荷马史诗在希腊世界取得了无上的权威性，它不仅仅被视为审美的范式，而且亦含有对人神世界的整体阐释。按照诗哲色诺芬尼[③]的表达，即所有人"都以向荷马学习为始"[④]。而这个色诺芬尼正是反对荷马的众神世界中拟人

① 梅加拉（Megara）的泰奥格尼斯（Theognis），公元前六世纪后半叶至前五世纪初希腊贵族诗人，以他名义流传之诗目前有1 400余行，包括宴饮时的诵读诗、哀歌、道德与政治格言等诸多方面。诗人强调贵族青年与诗人通过爱若斯结合成亲密的共同体，在其中达成诗歌的教育。——译注

② 也参本书第150页的注释1。（译按：原文为第148页注释2，据作者手校本改。）

③ 色诺芬尼（Xenophanes），公元前六世纪希腊哲人，相传为巴门尼德（Parmenides）的老师，因主张一神论，并开启了哲学对诗歌的批判而闻名，间或被史家归为爱利亚学派的创始人。——译注

④ 色诺芬尼：DK 21B 10（卷一，1952第六版，第131页）。

图景（anthropomorphes Bild）最具影响力的代表。他如此嘲笑道：只要有可能，牛将构想牛形的神像，马则构想马形的神像。并且就诸神的行为而言，色诺芬尼以为，荷马和赫西俄德[1]把所有属人的肮脏和羞耻均 49
归于了神。[2]赫拉克利特同样激烈批评源自诗人的神学，他甚至认为，人们必须将荷马从节日庆典中驱逐出去。[3]

尽管对于所有弃绝传统的尝试来说，习俗的力量当时始终十分强大并难以克服，不过新哲学批判之犀利亦迫使传统不得不有所转变。这就导致人们坚信——正如瑞吉恩的特阿格尼[4]于公元前六世纪晚期所证实的[5]——荷马用诸神世界充斥着欺骗、斗争、嫉妒与情爱这看似野蛮的传说讲述了一个对于肤浅的理解力而言无法通达的深沉智慧。荷马之隐喻（Homer-Allegorese）很快成为希腊教育的共同财产，并且从根本上导致在早期哲学的批评之后，荷马作为希腊人教师的地位非但没有削弱，反而被巩固。在数百年之后，斯多亚派（Stoa）和新柏拉图主义（Neuplatonismus）均为这一诗歌阐释方法的拓展做出了贡献。并且既然这一方法涉及的不是具体细节的解说，而是整个方法，那么就不能排斥将它运用至其他“神学的”文本。欧里庇德斯（Euripides）通过一个祭司之言提供给我们一个解读神话“深层意义”栩栩如生的事例：特里西亚（Teiresias）在《酒神的伴侣》（*Bakchai*）中向不信神的彭透斯

---

① 赫西俄德（Hesiod），生活于公元前700年左右，希腊诗人，其所著《神谱》（*Theogonia*）是荷马的《伊利亚特》与《奥德赛》之外最为重要的希腊神话来源之一，并第一次在希腊筹划了一系统的世界图景。流传迄今的诗作尚有《工作与时日》等。——译注

② 色诺芬尼：DK 21B 15和11。

③ 赫拉克利特：DK 22B 42。

④ 瑞吉恩的特阿格尼（Theagenes von Rhegion），公元前六世纪的希腊学者，因荷马阐释而闻名，他奠基了隐喻式的阐释方法，并涉及荷马生平、文本校勘等方面。——译注

⑤ 《证辞》（*Testimonien*），见DK 8A 1—4；参G. Lanata：《前柏拉图之诗》（*Poetica Pre-Platonica*），Firenze 1963，第104页以下。

(Pentheus)解释，狄奥尼索斯(Dionysos)从宙斯的大腿中出生“究竟”意蕴何在(欧里庇德斯:《酒神的伴侣》，272行以下)。由一无名氏对一
50 俄尔甫斯教[1]文本(ein orphischer Text)所做的类似阐释也出现在从公元前四世纪的墓穴中寻得的纸草[2]上。

伊索克拉底[3]证明，这种首先用于阐发诗歌的方法，也被选用于散文。在《泛雅典颂辞》[4]中，第一部分对雅典与斯巴达的比较完全偏向于雅典，而在第二部分(12.240以下)他的一个学生认为：对雅典的赞美似乎仅仅是针对肤浅读者的表面论述，而细心的读者将在这背后发现伊索克拉底隐藏了偏向于斯巴达的真实意见。对雅典的称颂“绝不简单”(οὐχ ἁπλῶς, 12.236)，其言外之意乃是测验学生，看他们是否能忆起夫子从前表述过的那些见解，能否以哲学的方式接受看待这一讲辞[5]。有能力书写“双重意蕴的讲辞”(λόγοι ἀμφίβολοι)，书写可以这样

---

① 俄尔甫斯教因俄尔甫斯(Orpheus)得名，后者相传为缪斯卡利厄佩(Kalliope)和阿波罗或欧亚格洛斯(Oiagros)之子。他从音乐之神阿波罗那里获琴，遂得奏天人之乐。同名教派将其学说回溯至神话人物俄尔甫斯，公元前七世纪左右由色雷斯地区传播至整个希腊，其学说强调灵肉之间的矛盾及灵魂转世，影响之后的毕达哥拉斯学派与柏拉图。——译注

② 即所谓的德维尼纸草(Derveni-Papyrus)，发表于《纸草学与碑铭学期刊》(*Zeitschrift für Papyrologie und Epigraphik*)47，1982，第300页以下。

③ 伊索克拉底(公元前436—前338年)，古希腊修辞学家，智者普罗狄科与高尔吉亚的学生，在雅典建立了与柏拉图学园竞争的修辞学校，传授修辞、演讲等技艺。现今存有21篇讲辞及9封书信。——译注

④ Panathenaikos，源于Panathenaia，指雅典大型的公众庆典，在每一届奥林匹克运动会之后的第三年，纪念雅典城邦的守护神，举行献祭、游行、竞赛等活动，这里指伊索克拉底于公元前339年为雅典所写的赞辞。——译注

⑤ Isokrates 12. 236:“对我来说，似乎你把咱们这个圈子的人召集在一起称颂雅典，不可能背后没什么想法(“是不简单的”)，而且[这个想法也]并不像你对我们说的那样，而是故意要考验我们，看我们是否全心受教(我们是否在进行哲学活动)，(转下页)

或那样被解读的讲辞并提供争议的诱因，都是“美妙的和哲学式的”（12.240, καλὸν καὶ φιλόσοφον）。不过，令人惊异的是，伊索克拉底并没有赞同这一隐意书写理论，也没有接受反义解读他对斯巴达的指责[①]。 51

柏拉图怎么看这种阐释理论和读者必须面对一个秘密“隐意”（ὑπόνοια）的“谜中讲辞”（αἰνίττεσθαι）？

他当然知道，一个哲学思想可能被高层次地或者低层次地理解。在《卡尔米德》中他让苏格拉底肤浅地曲解概念“行己之事”（τὰ αὑτοῦ πράττειν），这不是为了反驳“明智即行己之事”（Besonnenheit ist das Tun des Seinigen）这一定义本身，而是为了最终确定，他一开始对“行己之事”的理解是错误的。这里定义的创始人没有说他之所想，而是表达了一个“谜”（《卡尔米德》161cd, 162a）。苏格拉底没有说，在何种其他的意义上这一概念可以得到理性地运用，这只能理解为柏拉图邀请读者自己找寻意义。

不过，与伊索克拉底在《泛雅典颂辞》中的那个学生相反，柏拉图从来没有将在书写双重意义的讲辞视为“美妙的和哲学式的”。知识传

（接上页）我们是否能想起我们在讨论中已经说过的东西，以及我们是否有能力辨认，这讲辞是以何种方式来组织的。”（…δοκεῖς δέ μοι ποιήσασθαι τήν τε παράκλησιν τὴν ἡμετέραν καὶ τὸν ἔπαινον τὸν τῆς πόλεως οὐχ ἁπλῶς, οὐδ' ὡς διείλεξαι πρὸς ἡμᾶς, ἀλλ' ἡμῶν μὲν πεῖραν λαβεῖν βουλόμενος, εἰ φιλοσοφοῦμεν καὶ μεμνήμεθα τῶν ἐν ταῖς διατριβαῖς λεγομένων καὶ συνιδεῖν δυνηθεῖμεν ἂν ὃν τρόπον ὁ λόγος τυγχάνει γεγραμμένος, …）比较前揭《柏拉图与哲学的书写性》第360页注释42；M. Erler：《帮助与隐意：伊索克拉底的〈泛雅典颂辞〉与〈斐德若〉之书写批判》（Hilfe und Hintersinn），见《理解〈斐德若〉》（*Understanding the Phaedrus*），第122—137页。

① Isokrates 12.265：“……对于其他所陈述我无话可说——不是他及其隐意与我的意图相合，也不是他误解了它，毋宁说，他的状况是自己为自己设定的。”（...περὶ δὲ τῶν ἄλλων οὐδὲν ἐφθεγξάμην ὧν εἶπεν, οὔθ' ὡς ἔτυχεν ταῖς ὑπονοίαις τῆς ἐμῆς διανοίας, οὔθ' ὡς διήμαρτεν, ἀλλ' εἴων αὐτὸν οὕτως ἔχειν ὥσπερ αὐτὸς αὑτὸν διέθηκεν.）

达的目标是知识的“清晰与确然（或者恒久）”（《斐德若》275c6, σαφὲς
52 καὶ βέβαιον, 277d8—9[1], βεβαιότητα καὶ σαφήνειαν, 参278a4—5, ἐναργὲς
καὶ τέλεον）。这一目标只能通过口头活生生的逻各斯来到达；不过既然柏拉图将书写下的逻各斯作为口头逻各斯的镜像（εἴδωλον,《斐德若》276a8—9），那么书写就必须也始终指向同一目标，哪怕他从不能达到（就如镜像式的感性事物追求其原象，追求理念的完美，虽然无从达到。《斐多》75ab）。认为苦心达成的二义性（Amphibolie）可能升华所意欲洞见的清晰和恒久根本就不是柏拉图式的。柏拉图拒绝在未来的理想国家中以诗歌—神话形式来“隐晦地”传达关于诸神更深的真理，因为听众没有能力确然地区分隐意（ὑπόνοια）和直言（《政制》第二卷，378d）。即使这里首要谈及的是**年轻的**接受者，而当水平较高的听众或者读者相应被置于更艰涩的“谜题”面前时，问题却始终如一。所以在《政制》差不多一开始的时候，柏拉图就设置讨论被苏格拉底视为“迷津”的希默尼德格言[2]，并以一个荒谬的结论和谈话伙伴的不知所措而结束（《政制》第一卷，31d—36a）。进一步还应该想起在《克拉底鲁》中，柏拉图极度反讽式地使用解读诸神之名时隐意式的词源学方法（40d以下），正如应该想起在《斐德若》中他将隐喻式的神话解读作为多余的精神财产一概贬低之（29c—230a）。

柏拉图公开地轻视以隐意为旨归的诗歌阐释，并且明确地拒绝将
53 其沿用至散文体的哲学文本，或者拒绝将双义书写作为一种哲学能力，
这样就进一步说明了（参上文第46—47页），一个与之相应的文学技艺对他来说根本不可能起着核心作用。

---

① 原文作277b8—9，据Burnet本改之。——译注

② 《政制》第一卷，332b9，“苏格拉底猜测……”（Ἠινίξατο ἄρα…ὁ Σιμωνίδης）。

十一
《普罗塔戈拉》中的希默尼德阐释

《普罗塔戈拉》的中间部分（338e—347a）亦与我们的主题有着莫大的关系，其中柏拉图巧妙并且直指根本地刻画了试图从文本阐释而进入哲学问题的戏剧场景，展示了苏格拉底和普罗塔戈拉这两个异常卓越的阐释者如何在对同一诗歌的解读中进行针锋相对的论辩。

普罗塔戈拉认为，恰当解读文献的能力乃是一般教育最为重要的组成部分（338e），因此他希望在这个领域向苏格拉底发难。他选出希默尼德的一首诗，并且苏格拉底确认，自己对此诗也烂熟于胸且称赞有加。普罗塔戈拉宣称，在这首诗中希默尼德有几行文字自相矛盾，因为诗文首先称：成善者（ein tüchtiger Mann zu werden），难也；但马上批评庇达柯[①]的格言：做君子（edel zu sein），难也——一首存在着矛盾的诗怎么可能是“好的”（gut）呢（339b—d）？

而一开始苏格拉底就给这首诗以积极评价并由此肩负着帮助诗人同时也帮助自己（βοηθεῖν τῷ ἀνδρί，340a1，参341c8—9）的任务，即为这首诗和他自己正名。柏拉图让他调用了一种令人惊叹的先进

① 庇达柯（Pittakos），公元前六世纪的僭主，七贤之一。在古代传统中常将其与梭伦（Solon）及克罗伊索斯（Kroisos）并称为智慧的立法者。——译注

54 解释方法，他稽考希默尼德的语言使用，利用普罗狄科的同义词研究（Synonymtik），可以说利用当时最现代的语义学理论；他稽考诗歌隐蔽的背景，这有些类似精神历史视域的重构，并揭示出希默尼德纠正庇达柯的本来意图。

尽管毫不缺乏方法上的充分准备与反思，却很难说苏格拉底的阐释处处都是正确的。在两个关键点上，“苏格拉底”将他的或者说柏拉图的理解带入了阐释，由此也就本质上越过了希默尼德的意向，也可说与其擦肩而过：首先他区分了“**成**善”（gut *werden*）与“**是**善的”（gut *sein*）两组概念，前者因是短时段从而是可能的，或者后者由于是长时段，对人们来说便是不可能的。通过这种区分他反驳了普罗塔戈拉所断言的矛盾——由此，希默尼德这位古风时代晚期非形而上学的诗人承载了柏拉图对“生成”（Werden）与“存在”（Sein）的本体论区分，同时也承载了柏拉图对哲学概念的理解：在他看来，于人而言在思想之高潮短暂地达到目标是可能的，而持续逗留则是不可能的。[①]其二，苏格拉底在希默尼德那里还找到了他伦理学的根本立场：德性即知识。为了贯彻二者，一些解释的暴力是必要的，而柏拉图似乎对之也有着明确的意识。

柏拉图引入了这段欧洲精神史上第一个细致入微的文学阐释并且
55 以此宣称：阐释不可避免地乃是误释（Fehlinterpretation），至少部分如此。其中的原因就在于解释者不可避免地将他自己的立场带入其中，而只要这一因素不可能被排除，那么任凭解释者持什么先进的方法论或者理智上超常的能力都不能改变这一切。

---

① 参Karl Albert：《论柏拉图的哲学概念》（*Über Platons Begriff der Philosophie*），St. Augustin 1989。Albert首先从《会饮》与《斐德若》中推演了柏拉图的哲学概念，但没有涉及《普罗塔戈拉》中更早的阐发，也参第156页以下。（译按：原文作第154页，据作者手校本改。）

于是合乎逻辑的是，整个试图确切阐释诗意的尝试均相应地被苏格拉底极端地贬低。他将在“新异”见解那里逗留比作没修养的宴饮者之作为，这些人靠雇来乐女（Flötenspielerin）的靡靡之音娱乐。能自持的宴饮者则不需要乐女和舞伴，而靠自己的投入与自己交心。所以现在这些聚在一起的谈话参与人应该将诗人的见解束之高阁，而直接朝向实事（347c—348a）。人们反正不能问诗人他们说了些什么，那些含义相互矛盾的解读是无可证实的。[①]

柏拉图将对某一文本的阐发置于导向实事本身（导向“真理”，348a5）的属己言说与思想的尖锐对立面。这一伴随着“新异”之音的言说与伴随着属己之音的言说之对立自然并非由于这里被处理的文本出自**诗人**（不是出自哲学家）之手。这就意味着，**所有**伴随“新异之音的言说”，即所有的阐发行为，对柏拉图来说都得靠后站。这里还存 56
在另一并非仅为**诗人文本**所有的缺陷，即如果文本作者本人确实不在场，那么也就不能对作者发问，由之关于其所意谓的推测便始终得不到检验。

这两个批评导致柏拉图与文本的使用保持距离而投入至口头的哲学活动中，这一活动直观实事本身，并引导参与者说出自己的声音。在对话录《斐德若》结尾部分，柏拉图便原则性地将书写哲学活动之间接性与口传哲学活动之直接性的对立作为探讨的主题。

---

① 《普罗塔戈拉》347e3—7：不能询问关于他们（即诗人）所言之意谓，多数在讲辞中论及他们的人，一些说诗人之所思为此，一些则说为彼，而没有人能论证所谈及的实事。（...οὓς (sc. τοὺσ ποιητάς) οὔτε ἀνερέσθαι οἷόν τ' ἐστὶν περὶ ὧν λέγουσιν, ἐπαγόμενοί τε αὐτοὺς οἱ πολλοὶ ἐν τοῖς λόγοις οἱ μὲν ταῦτά φασιν τὸν ποιητὴν νοεῖν , οἱ δ' ἕτερα , περὶ πράγματος διαλεγόμενοι ὃ ἀδυνατοῦσι ἐξελέγξαι...）

十二
《斐德若》中的书写批判

在《斐德若》的最后几页（274b—278e），柏拉图于这一以“书写批判”而闻名的片段中，讨论书写在普遍意义上的价值，特别是哲学家对待书写的态度。既然《斐德若》思想的统一性并不容易把握，人们便常常将这一片段从整个对话的系统中抽离出来处理，甚至根本没有追问其表述内容与之前对话布局的具体关系。而至关重要的是，书写批评应该作为《斐德若》的高潮来把握，因为只有从这一角度出发，它才同时成为解读整个柏拉图对话录结构的钥匙。

《斐德若》开始于“讲辞”（λόγοι）的比较：年轻的斐德若朗读了他所崇敬的吕西阿斯[①]精心炮制的讲辞（230e—234c），而苏格拉底之后则以同一主题，即以爱若斯（Eros）为主题另做了两个即兴的演说（237b—
57 241d，243e—257d）。比较二人的讲辞不仅关涉到形式的完美，而且从一开始就根本关涉到谁更好地把握了他所处理的事物的本性。在讲辞内部，则涉及这样的问题：对于青年人而言谁是适宜的爱人，陷入爱的

① 吕西阿斯（Lysias）：生于约公元前445年，卒于约前380年，古希腊著名讲辞家、法律文书家，叙拉古富商克法洛斯（Kephalos）之子，三十僭主时期为民主派著名人士。其书写之讲辞影响甚大，至古希腊晚期仍被封为法庭演讲之典范。——译注

仰慕者（Verehrer）还是没有陷入爱的仰慕者。既然苏格拉底在第二个讲辞中展现出爱若斯为哲学本真的动力，对真的爱欲者（Erotiker）的追问就转换为对真的哲学家的追问。

这一在第一部分展开的线索在书写批判中得到了总结：它给出了一个讲辞超越其他讲辞的普遍条件；而伴随着这些条件的明晰，这也同时澄清了，何谓对哲学家而言必要的知识，以及他与自己的书写作品之间的关系。

柏拉图将讲辞，即λόγος，理解为说出的，或是即兴或是提前准备的，或是独白或是对话，同时也包括书写下的“摹本”（Abbild）。这样，他寻找一个对两者——说出的与写出的——均有效的标准。但是活生生的口头交流对他而言无疑是具有优先性的，并且所写的东西需要由所说的东西来衡量。

讲辞的水平依赖于它是否被塑造得“恰如其分”（kunstgemäβ）。演说的**哲学**艺术不仅以把握对构造形式而言通行的修辞学诸规则为前提（这毋宁说仅具有预备性的意义，266d—269c），而是建立在两个要求更高并且更为全面的能力之上，即掌握所言说之物的本质与交谈对象的灵魂本性（277bc）。对物的哲学知识与对灵魂的哲学知识这二者既不能通过经验，也不能通过健全的人类理智就能得到了解，而是纯粹通过 58
对理念哲学（Ideenphilosophie）的不懈研究才可通达，这一研究被柏拉图标识为“辩证术”（Dialektik）①，理解为一条“长路”。它在这一对话录中仅仅是暗示，但并没有走出。②

在规定了何谓“真正”之言说技艺的背景下，即规定了言说之艺需以哲学为基础之后，柏拉图在书写批判中展开了书写使用的“合宜性”（εὐπρεπείας，274b6）这一特殊问题。这首先涉及的不是书写“**能**”做什

① 《斐德若》276e5 διαλεκτική τέχνη，参266c1，διαλεκτικός。

② 参《斐德若》274a和246a，两个典型的空略段落。

么或者“**不能**”做什么，而是一个“为神所喜爱”（参274b9）之人，即哲学家，**应该**如何使用书写（“属神的”对柏拉图而言是在理念领域，参《政制》611e2，《斐多》803a，“诸神喜爱的”言辞和行为随之也成了理念哲学家的目标：《斐德若》273e）。

苏格拉底首先带来一个关于埃及的神灵忒伍特（Theuth）的故事，他被看作书写的发明者，在希腊语境（interpretatio Graeca）中即等同于赫尔墨斯（Hermes）。使用“创始者”（πρῶτος εὑρετής）神话的运思形式显示出，柏拉图在最根本的意义上审视这一问题——因为对神话思维而言，在事物原初的创造处确立了其不可转变的本质。这样，忒伍特神将书写与其他发明带到国王塔穆斯（Thamus）面前并且称赞这一工具可以使埃及人更为智慧和拥有更好的记忆力（σοφωτέρους καὶ μνημοωικωτέρους，274e5）。

忒伍特处于这样的幻觉中：人们可以通过书写，即通过一外在的
59 （对于灵魂而言）异己的符号，达到聪慧与明智。这一幻觉被塔穆斯当面揭穿了。书写并不促进记忆，而是妨害记忆，即灵魂从内部提取事物的能力。书写不过是回忆的某种工具。通过书写，人并不会更智慧，而仅仅是在未曾接受教导的情况下（ἄνευ διδαχῆς，275a7），通过各色的字词屈从于智慧的幻象。只有διδαχή，即交流式的教导，才能传达清晰的值得信赖的洞见（274e—275c）。

假设柏拉图分享了对现代对话理论（也包括《泛雅典颂辞》中伊索克拉底的那个弟子）的信赖，即认为书写尽管缺陷重重，但却有能力传达清晰与值得信赖的洞见，哪怕它仅仅在个别能够理解某一双关表达微妙含义的精英那里发挥效用，那么，这里似乎正是谈谈这一信念的地方了。而与之相对，柏拉图在后文中固持书写原则上的缺陷，这一缺陷扎根于书写的本质之中。要知道，对某一事物而言奠基性的东西，是不能通过运用时或多或少的应变来削弱的。虽然在心理学的意义上可以理解，自从施莱尔马赫以来，崇信书本之神灵忒伍特的当代追随者感到

需要颠倒柏拉图的判断。他们担保，在有悟性的读者那里，以谜语和暗示方式给出的书写还是能够拥有其所期望的效果，即洞见的清晰与确然。然而我们必须心平气和而决不带任何挑衅地指出，对文本的这一补充在方法上是站不住脚的，因为它引向了柏拉图原初意愿的反面。

柏拉图通过展示口传的逻各斯不同于书写逻各斯的系列特征，随 60
后通过一个令人印象深刻的比较，达到了对书写之物与口传之物的系统界定。让我们从这一比较开始：

为了理解理智农人的行为和哲学家的或者说“辩证家”（Dialektiker）的行为之比较（《斐德若》276b—277a），人们必须理解所谓“阿多尼斯花圃”（Adonisgärten）的含义。柏拉图这段文字是流传文献中对之最早的例证：在夏日的收获之后，人们留出种子的一小部分，在浅的罐中或篮中播种，保存在黑暗中并浇水，以便这些种子很快在伏天中繁茂地生长起来。随后盛土的罐或篮将置于日光下，在那里，这些植物迅速死去，当然在种植中也就得不到任何收获。在哀悼阿多尼斯[①]的祭奠中，妇人们将凋零的“阿多尼斯花圃”丢进海中或泉中。

这一少见习俗的含义不久前由鲍狄（Gerhard J. Baudy）揭开。它是一种农俗，一种为了检测新储种生命力的试播种，正如其他已广为人知的试播种形式[②]。不过既然柏拉图以读者了解实事为前提，并没有将这一层面选出作为比较的第三方（tertium comparationis），那么我们不必太关注仪式的这一方面，就像我们不必太关注其与阿多尼斯神话的联系。柏

① 阿多尼斯（Adonis），希腊神话中的美少年，为爱神阿佛洛狄特（Aphrodite）与冥后珀耳塞弗涅（Persephone）所爱，但不幸为野猪所伤致死，阿佛洛狄特向宙斯请其复生，后者决定阿多尼斯半年返回人间，半年留在冥界。其死与复生遂成为自然界兴衰往复之象征。——译注

② Baudy：《阿多尼斯花圃：古代种子象征学研究》（*Adonisgärten: Studien zur antiken Samensymbolik*），Frankfurt a. M. 1986。

拉图更多的是阐明，如果一个理智的农人希望从播种中得到收获，他就不会严肃地将种子播撒在阿多尼斯花圃，并出于娱乐让这些植物在八天内可人地抽芽；只有出于阿多尼斯节庆的需要，他才会这样做，以一种
61 游戏的方式去做。与之相对，如果播种对他而言是严肃的，他则凭借种植技艺方面的知识将种子播撒在适宜的土地上（因此也就不是陶土罐），种子八个月后成熟起来，他才随之心满意足（276b）。“辩证家”也以同样的理智对待自己的种子：他将不会将自己的言辞（Logoi）严肃地在书写的阿多尼斯花圃中播种，这些言辞无力帮助自己，也无力充分地传授真理。也许当他“讲述”关于正义或者类似主题的“故事”（μυθολογεῖν, 276e3——对这一表达的阐释见第65页以下）时，他才在游戏中播种于书写的苗圃。他的严肃适用于所掌握的“辩证法技艺”，通过找到某一“适宜的灵魂”，并且在灵魂的逻各斯（logoi）中播种。这些逻各斯可以帮助自身和播种者，并不会始终毫无收获（276c—277a）。

为了进行比较，柏拉图所引入的阿多尼斯花圃礼俗可以从如下视角得到考察：

1. 收获的视角。(a) 正如在阿多尼斯花圃里根本不可能从播撒的种子（σπέρματα）[①]那儿取得收获（καρπός），书写对柏拉图而言必然也是贫瘠而无获的；通过书写可以传达的知识和情志，被比作阿多尼斯花圃中短暂的繁荣，随后则迅速凋零。(b) 既然“收获”——它作为农夫的目标——在于种子（而不在于耕作的技艺之中，其更多地掌控着种植活动，276b6），那么辩证家的“收获”（λόγοι ἔχοντες σπέρμα）必须从内涵上得到理解，就是说，“收获”存在于哲学性的内涵之中（而不仅仅在于“辩证术”作为一种无确定内容之能力的传达）。

62 2. 持续时间的视角。阿多尼斯小花园八天便茂盛起来，而严肃的农人以八个月为目标。我们现在可以了解到，为什么对话录的“文字花

① 参 ἔγκαρπα 276b2, ἄκαρποι 277a1; ἔχοντες σπέρμα 277a1, σπέρματα 276b2, c5。

圃”总是强调，辩证术乃是一条“漫漫长路”，这条道路在多方面超越当下书写所提供的东西[①]。对柏拉图而言，书写这一在原则上不充分的传授捷径（276c9）根本不可能适宜地替代口头的辩证法。

3. 选择的视角。（a）正如聪明的农人在“适宜的土地上”播种（276b7），辩证家也必须因此为哲学种子亲自寻找一个“适宜的灵魂”（276e6）。既然书写根本不能选择读者，“凭借辩证法技艺”（e5）的哲学播种就不会考虑它。（b）一个有理智的农人无论如何不会将所有的种子播撒到阿多尼斯花圃里——这样他就断绝了任何收获的可能，这样他也就不会是一个**有理智**的农人了。同样辩证家仅仅将他“预播种子”的一部分撒进书写的花圃，恰恰保留他寄希望的那部分（267c3—9, b2—3）。在此农人与辩证家行为的比较也就与“游戏”与“严肃”的对立相重合了，以至于一些解释者错误地假设柏拉图指向如下对立，即某一作者将所有种子**严肃地**播于书写之中，而另一个则仅仅出于游戏也播撒所有的种子在书写之中。可以说，这样的解释忽略了根本性的比较：对于希腊人而言，在阿多尼斯花圃里种植始终仅仅播撒所收存的一 63
部分种子。不过对我们而言，这一礼俗已经逝去，由于我们作为二十世纪的书籍信仰者，以一种非理性的先入之见反对柏拉图的内传立场，我们便陷入错误的阐释轨道。柏拉图从没有想过，把他的所有哲学托付给书写。

辩证家在与文字打交道的时候有所保留的原因来自书写根本的缺陷，这点柏拉图在进行比较前已经列举了：

（1）书籍对所有人说话，对有理解力的人，也对那些根本无从与其内涵打交道的人；它不能选择自己的读者，不能面对一定的读者保持沉

---

① 比较例如《政制》534a7 πολλαπλασίων λόγων, 5042b μακροτέρα περίοδος, 435d3 μακροτέρα ὁδὸς;《斐德若》274a2 μακρὰ περίοδος, 246a μακρᾶς διηγήσεως;《巴门尼德》136d1—137a6, 特别是a5 τοσούτων πέλαγος λόγων。

默(275e2—3)。口头哲学活动决定性的优越性在于,根据其能力亲自选择谈话对象,并在必要的时候拥有沉默的可能性(276a6—7,e6)。

(2)书籍总是说一样的东西。这显示出,当读者或者听众发问,这本书里讲了些什么:唯一的"回答"就是已在字句的重复。这在柏拉图看来,离真实的交流如此之远,以至于在这点上,书写只能和绘画上无生机的形象相提并论(275d4—9)。

(3)书籍不能为自己辩护,当它被斥为不义时;它始终需要作者的帮助(275e3—5)。而活生生的"有识者"即辩证家的口头逻各斯却能做到自助。辩证家有能力帮助逻各斯及其拥有者,而且也可以对"适宜的灵魂",即对哲学敞开心灵的学生,提供进一步的帮助(276e5—277a3)。

这里也应该毫不犹豫地复述通过忒伍特的段落所应该说出的(见
64 上,第58页):如果柏拉图在现代对话理论的意义上相信,对话录书写的逻各斯并不对所有人言说,因为它能够特意对那些适宜者言说,并且不总是千篇一律,因为它根据不同读者不同的发展阶段分别给出不同的回答,它在某种程度上仍然能够帮助自身;那么,柏拉图必然会将这种信念表达出来。但是柏拉图的文本却从没有提示,会有一种书写的使用——无论是已知的还是未来的[1]——可以恰如其分地完成口头逻各斯的任务。从中虽然我们并不必推论出,柏拉图对通过暗指与提示并且必须由读者自己来填充意义的"间接表达"一无所知[2],但是我们可以推论出,就对书写的价值与功能的把握而言,"间接表达"并

---

① 通过对未来的提及,柏拉图可以指向自身,而不让"苏格拉底"犯一个年代学上的错误。在这个意义上也有权认为《卡尔米德》169a中所提及的未来"伟人"指涉柏拉图。同样在《斐德若》此处,他似乎已经勾画了一个现代对话录理论意义上对书写的"将来"使用。然而恰恰是这与他毫不相干。

② 比较第128页以下,关于苏格拉底逻各斯的"开放"。(译按:原文作第126页,据作者手校本改。)

不能起到施莱尔马赫及其在十九世纪与二十世纪的无数追随者所归之的那种关键性作用。为何这一命题——暗指性的双关讲辞(λόγοι ἀμφίβολοι)之艺可以在某一隐喻的意义上完成口头讲辞的任务——是不可能的，这并不难回答，我们下面还将更为详细地论述(第147页以下)。谈话伙伴的选择，对不适宜者的沉默，以新论证来进行帮助，对柏拉图而言不是隐喻，而是应该从字面上理解的哲学知识传达的根本条件。

既然书写的逻各斯不能带来已提到的成效，那么其价值在柏拉 65
图看来就颇为有限，最好的情况下仅仅可作为对有识者回忆的帮助(εἰδότων ὑπόμνησιν 278a1，参 ὑπομνήματα θησαυριζόμενος 276d3)。书写可能以多种方式来帮助回忆，但遗憾的是柏拉图并未说出何种方式首先浮现于他心中。所以新近有人建议，应以如下方式理解作为回忆助手的窘境对话录：柏拉图学园中的学生，只有证明自己在一定前识的基础上能够解决包含疑难的练习任务，才可被视为“有识者”[①]。虽然很可能柏拉图也认同这一点，但也应该注意的是，建构性的对话录——他们对柏拉图而言更是“最好的书写作品”——无论如何也不是这个意义上的回忆助手。此外值得怀疑，是否柏拉图将这些仍旧必须接受如此书面练习方式测试的学生归为“有识者”(这一表达在《斐德若》中明明白白指的是辩证家)。不错，甚至应该质疑，比如一个学生，当他已经掌握了《美诺》中存有的回忆学说，是否仍有必要将《欧绪德谟》中的疑难作为练习任务。

正如在276d3中柏拉图说，当哲学家到达了健忘的年龄时设置回忆助手，这并不仅仅为同道，而且也为他自身。从这个目的出发，窘境对话录就被明确排除在外。对回忆功能的强调，让我们这些当代人最可能想到《蒂迈欧》和《礼法》这样的著作，其富含自然科学的、

---

① 参本书第40页注释1。(译按：原文作第39页注释1，据作者手校本改。)

法律的或者历史的细节。这里所意谓的严格意义上的“回忆”文字
66（hypomnematische Schriften）之广度何在，恐怕尚不能确切地说出[①]，尽管它们无疑包括不同知识领域材料的汇集，包括种属划分（Dihaeresen）与定义。

然而不能忘记，回忆助手的设置并非哲学家书写的唯一存在理由——柏拉图也提到了“游戏”，其成功使得作者获得了乐趣（276d4—8）。没有理由不将这个说法回溯到柏拉图本人，特别是当他在《政制》中论述正义概念时，随即相当明确地影射了自己的“神话”（mythisch）游戏，即讲述故事的“游戏”[②]。柏拉图视从戏剧与心理引导两个层面上
67 构思哲学对话录为透彻心神、提供兴悦的游戏。对话录的存在尤其依赖于天才作者艺术性的游戏冲动。

---

① 也有人尝试，将这“回忆助手”（ὑπομνήματα）与记忆（Anamnesis）理论联系起来（参见 Ch. L. Criswold: *Self-Knowledge in Plato's Phaedrus*, New Haven 1986）。如果应该这样认为，文字可以直接将灵魂带入到对其在彼岸所见之理念的回忆中，那么这样一种暗示与书写批判的意义很难相应。

② 276e1—3：“一个美妙之至的游戏，苏格拉底，你将它与某一低等些［的游戏］相比：懂得以言辞来游戏，通过它讲述关于公正与其他你所言及事物的故事。”既然将自身作为一神话叙述（μοθολογεῖν）标识出来（376d，501e），那毫无疑问，柏拉图指向的是其重要著作［《政制》］。（W. Luther 已及此点，见氏著：《书写逻各斯的诸弱点》（Die Schwäche des geschriebenen Logos），载于 *Gymnasium* 68，1961，第 536 页以下）。

十三
从哲学家与书写的关系出发对其进行规定

苏格拉底带给斐德若的消息会合了柏拉图对口头与书写逻各斯相关价值的沉思，由此他超越了吕西阿斯。而除了吕西阿斯，这一消息也指向荷马与梭伦；这三个名字并不是作为个体而存在，而是代表着整个文学领域：荷马代表所有诗歌（278c2—3）；吕西阿斯代表非哲学的散文；梭伦代表哲学，特别是伦理—法哲学。这三个名字同时在希腊精神史的三个时代存在，毫无疑问应该以象征的方式代表着希腊文学传统的整体。“苏格拉底”向整个传统通告：一个“知道真理如何”的作者，当他进入检验其所写的谈话中时，就可以帮助它们，并且有能力，通过其口头的表态（通过他自己言说λέγων αὐτός）指出其书写作品价值之有限（φαῦλα），所以这样的作者不应由它们（即书写作品）而留名，而应以其严肃投入的东西。

斐德若：你想怎么称呼他们呢？

苏格拉底：称他们为“智慧者”，斐德若，在我看来无论如何有些夸张了，这只有神才配；不过恐怕可称其为“智慧之友”（φιλόσοφος）[①]，或

① 即爱智者或哲学家。——译注

者某个以这种方式更适合他，也更合体的称呼。

斐德若：这也毫无问题。

苏格拉底：另一方面，有些人除了上下求索、翻来覆去撰写与创作
68 之外，再无什么更有价值的东西（τὸν μὴ ἄχοντα τιμιώτερα），你就确然有权利称他们为“诗人”、“讲辞写手”或“法律文书家”，是吗？

斐德若：否则还有什么呢？（《斐德若》278c4—5）

柏拉图在此将作者这一群体分为两个差异极大的团体。其一，无疑是大多数，他们可以根据各自的创作被称为“诗人”、“讲辞写手”或“法律文书家”。另一群体所获得的名字与神并不是决然分离，而是有关联的——因为仅仅在**爱智者**（philosophos）的名字中存在着一个标识着神之特性的余音，即智慧的（sophos）。因为其所“知”，**爱智者**如此地接近神：“了解智慧若何”的人（der εἰδὼς ᾗ τὸ ἀληθὲς ἔχει，278c4—5）正是辩证家，他拥有着关于正义、美与善的知识（276c3），使用辩证的技艺；他也是在理念学说的意义上掌握着事物之智慧的思想者（比较27b，也包括273d—274a）。

书写作品仅仅使得**爱智者**卓异众人，而凭借理念知识，他则超越了自己的书写：在“检验与论驳”（ἔλεγχος）的过程之中，他有能力帮助他的书写，并且可以在口头的陈述中指明其之所写不过了了（δυνατὸς τὰ γεγραμμένα φαῦλα ἀποδεῖξαι，278c6—7）。与之相对，另一些人“除了一直忙上忙下，颠来倒去地创作或书写之外，再无什么更有价值的东西”。他们属于另一团体，即非哲学作者团体（278d8—e1）。

这样，哲学家可以通过更好的论证从口头上帮助他的书写——
69 此外他如何指明书写的价值有限呢？在内容上正确的东西，当它缺少充分的证明时，可以同时被视为“糟糕的”（φαύλως）（比较《政制》449c4—8）。柏拉图于此将这一更好的论证视为“更有价值之物”，τὸν

μὴ ἔχοντα τιμιώτερα[①]（278d8）这一表达概括了非哲学家们所缺乏的东西，即理念知识，他们也因此缺乏去“帮助”自己的书写作品与显示书写之较低价值的能力。这一否定的表达展示出“有识者”（278c4）的反论题，即 ἔχειν τιμιώτερα[②]，他握有比自己所写更有价值的东西，对柏拉图而言，这是辩证家的一个积极标志。

既然我们从哲学家与自己书写作品的关系出发，完成了对哲学家的规定，对这一规定的含义还需做一番彻底的深思。

如果有某一作者有时乐意将“更有价值的东西”书写下来，有时不；随之，他有时可以“帮助”他的书写并有能力指出它们的局限，有时却无能为力；这样，他有时可以享有哲学家这一名称，有时则不行——然而，相对于这一可能性，对于柏拉图而言，哲学家与非哲学家的区分完全是根本性的。成为哲学家，即体验导致一生转变的“灵魂之转向”（ψυχῆς περιαγωγὴ，《政制》521c6，参 518d4）。构成哲学家的东西，是一种已完全转变了的对待现实的态度——只有他有能力朝向理念知识。柏拉图引入**爱智者**这一概念的所有地方，都指示了一个存在论的转向（比较《斐多》101e，《会饮》204b 以下，爱若斯作为爱智者，《政制》474b 以下，《斐德若》249c，《泰阿泰德》172c—177c，《蒂迈欧》53d）。通过柏拉图的书写批判，没有什么比**爱智者**这一名称仍依赖于某一不断变换的立场更不可能的了[③]。事实上也没有柏拉图的文本显示出，一个今 70

① 没有拥有更有价值之物的人。——译注

② 拥有更有价值之物。——译注

③ 亚里士多德的一段话在这里显得颇有助益。伦理学的目标是幸福，但这必须是某种永久的东西，必须建立在人类最永久的特性与能力之上，就是说建立在拥有德性与科学之上（《尼各马克伦理学》1100a32—b22）。如果人们希望将幸福与命运的转化相系，那么人们就将幸福的人（εὐδαίμων）弄成了“某种变色龙”（Chamäleon）（1100b6）。亚里士多德的幸福（εὐδαίμων）和静观（θεωρία）与柏拉图那里的爱智者（φιλόσοφος）相应，其利用其辩证术（διαλεκτικὴ τέχνη）获得了对人类可能的幸福（《斐德若》276e5—277a4）：他也不是“变色龙”。

天因哲学之名而得到尊重的作者，随后可能退归入诗人或者讲辞写手一级。

这就得出，在柏拉图的意义上，**哲学家总是**使用**更有价值之物**（temiōtera）。这里又产生了两种可能性。其一，他以书面方式记录下所有他必须说出的，并且能够以进一步的论证不断前进。而在这种情况下就可以说，论证对柏拉图而言是一个没完没了、永无终点的回溯。不过众所周知，柏拉图的哲学观念以一个与此相反的看法为基础：辩证术引向一个 ἀνυπόθετον[①]，即根本引向一个非假说性的原则，或者说，对辩证家而言存在一个“旅行的终点”（τέλος τῆς πορείας，《政制》532e3）。要想反对这种可能性，除非辩证家不像理智的农人那样行动，后者从不将所有种子都撒在阿多尼斯花圃。

不过，与农人的比较（276bc）和对在必要时沉默能力的强调（276a7）恰恰都指向了这一可能。这样，一切并没有改变。只有我们接
71 受，柏拉图式的作者事实上必须像理智的农人那样行为，哲学家的规定才能在书写批判中毫无矛盾地被解读：只有当哲学家有意识地让其最终的论证从书写的阿多尼斯花圃中抽身而出，我们才能确定，他根本上是能够通过“更有价值的东西”超越自身之书写的；只有在这种条件下，我们才能与下述非柏拉图的想法告别，即根据临时（ad hoc）的即兴帮助是否成功，此时可承认同一作者拥有哲学家之特性，彼时又可否定之；同时也只有在这一条件下，一个随时可施行的帮助一定不会消融在非柏拉图式的无限复归（regresus in infinitum）中。

① 无设定处，绝对。——译注

十四
τιμιώτερα的含义

在我们对书写批判的解读中，我已经将temiōtera[①]这个词与哲学的**内涵**（Inhalte）联系在了一起。柏拉图这里指，与其他命题与证明相比较，含有“更高价值”的诸概念和理论、命题及其证明具有更为深远的意义。不过，既然temiōtera这一表达常常被误解（参后文第75页以下），那么首先从对话录《斐德若》的语境与柏拉图的其他相关表述出发来确认其含义，可谓不错的选择。

书写批判指明，既然哲学家通过更好的运思手段来帮助书写，他口头的逻各斯必然能够原则上超越书写的逻各斯。正如第56页已经提到的，对话录的第一部分已经处理了某一逻各斯为另一逻各斯所超越的问题：在斐德若朗读完一篇吕西阿斯的成文讲辞之后（230c—234c），他与苏格拉底随后的对话就集中澄清，什么样的讲辞才能超过 72
之前诵读过的文辞（234e—236b）。新讲辞必须在内涵上给予**更多**，也就是说不仅仅关涉数量，而是关涉哲学上的意谓（Bedeutung）：这里所要求的不仅仅是“更多”，而是“另一”“更好”的内涵，它有着“更高”

① 意为“更有价值的东西”。——译注

的价值[①]。于是，读者从一开始就知道，一个优越的逻各斯必须满足什么样的条件。因为事实上，苏格拉底关于爱若斯的讲辞便完全满足这个条件。这样从根本上说，书写批判仅仅是以普遍的形式表达了柏拉图之前在对话的进程中已经引入的东西。不将temiōtera从哲学的内涵上来把握的解读割裂了柏拉图自己明确标示的重要思想关联。为了避免任何混淆出现，柏拉图除却书写批判，在《斐德若》的结尾亦提及了这一关联：他在一个显然是对伊索克拉底的事后预言[②]中（他在早年与吕西阿斯无异，为他人书写诉状，随后转职成为一个声名显赫的演讲教师及写作政治和教育理论书稿的作家）指出，伊氏将超越吕西阿斯并很快转向“更为伟大的事物”（279a8）。这一表达也可直接视为“更有价值事物”[③]的同义词。
73 这样我们在整个对话录中始终涉及同样的思虑：逻各斯在哲学内涵上的高低决定了逻各斯的高低。哲学家通过口头的帮助引入temiōtera就意味着，与书写相比，他将口头讲述在哲学上更为重要的东西。

从柏拉图的语言使用来看，无从指望另一不涉及内涵的解读。根据《政治家》（285e4），那“至高与至贵之物”（τὰ μέγιστα καὶ τιμιώτατα）是理念世界非物质化的实体（Entitäten）；同样在《斐德若》中，理念总体上是τίμια，也就是“高级的或珍贵的”（250b2）。在《政制》中，柏拉图甚至在理念世界之内亦划分了高级的与低级的“部分”（τιμιώτερον /

---

① 《斐德若》235b，236b：ἄλλα πλείω καὶ πλείονος ἄξια 正是与 τιμιώτερα 意味相似。对此部分的解释参看《柏拉图与哲学的书写性》，第28—30页。

② 事后预言（vaticinium ex eventu），神学及史志学（Historiographie）的专业术语，指预言者已知结果后做出预言。作者这里使用此术语指，柏拉图在《斐德若》的写作时已知伊索克拉底之成就，但在对话录的戏剧时间中（此时伊氏尚在青年）借苏格拉底以“预言”形式表述已成之事实。——译注

③ 这里当然不是说，伊索克拉底由此被解释为柏拉图意义上的哲学家：μείζω，正如 τιμιώτερα 和 πλείονος ἄξια，是一种比较级的表达；伊索克拉底在其生命历程之终点所从事的，虽然比他开始做的“更为重要”，但是尚远离柏拉图式哲学家的 τιμιώτερα。

ἀτιμοτέρον μέρος, 485b6)。

对柏拉图而言，“等级”和“价值”的最终源泉是作为一切本原的善之理念自身[①]。即使认知(das Wissen)也分有了善之级序[②]，这当然就其指向本原而言。但同时，表达认知的诸言(Logoi)也分有了认知的级序，因为根据《蒂迈欧》29b，它们与其所向是有亲缘关系的。总的来说，知识比正确的意见更有价值(τιμιώτερον ἐπιστήμη ὀρθῆς δόξης，《美诺》98a7)，因为它通过论证将正确的东西同意见相系。最后的论证必须来自“万物之本原”(ἀρχὴ πάντων)，朝向本原的上升就是从一个预设到另一更高的(ἄνωθεν)预设，直到走向绝对之物(ἀνυπόθετον，参《斐多》101de，《政制》511b)。一个普遍“高水准的”或者“有价值”的论 74
证若成功地将洞察与更直接朝向本原的事态相结合——在“紧系本原”(《政制》511b8)的意义上更直接——它必须逐层提升其级序。“拥有更高价值”(ἄχειν τιμιώτερα)对于辩证家就是能够用论证来选择预设序列中“更高”的“连接点”，以此证明一个已经给出的陈述。

从之前所述中也可得出，那“更有价值”或者说“更高级”的逻各斯也必定更为科学、更为严格。从此就可以理解，为什么辩证家在口头哲学活动中看到了他的“严肃”，而在朝向注定鱼龙混杂、缺乏学术训练的公众的书写作品中看到了“游戏”。与口头的东西相较，书写的东西乃是φαῦλον(《斐德若》278c7)，这一表达在此应该理解为“非业内人士的，非专门的”，这已经得到了很好的证实。

除此之外需要指出，亚里士多德和特欧弗拉斯托[③]对timion的使用

---

① 《政制》509a4—5 μειζόνως τιμητέον τὴν τοῦ ἀγαθοῦ ἕξιν, 509b9—10 πρεσβείᾳ καὶ δυνάμει ὑπερέχοντος (sc. τοῦ ἀγαθοῦ) πρεσβείᾳ说的正是τιμῇ。

② 《政制》508c2—509a4。

③ 特欧弗拉斯托(Theophrastos)，约公元前371/370—前287/286年，亚里士多德的学生，亚氏之后逍遥学派(Peripatos)掌门人。——译注

表明：此词在老学园[1]里是一个标识本原（ἀρχή）的存在论级序的**专业术语**（terminus technicus）[2]。柏拉图认为，知识的级序指向其对象的级序，这一思想以理念学说为基础（参《政制》474b—480a）；亚里士多德同样保留着这一想法，正如《论灵魂》（*De anima*）一开始展示出的[3]："知识从属
75 于高贵的和有价值的事物（τῶν καλῶν καὶ τιμίων），知识的一种形式胜于其他，或者由于其精确性，或者因为它指向更好的并更令人惊异的对象（βελτιόνων τε καὶ θαυμασιωτέρων），如果我们从此出发，那么根据这两点，我们就可以充分地视灵魂的研究为重中之重。"（402a1—4）

综上所述，没有任何老学园或者逍遥学派的成员会怀疑，柏拉图的"更高价值的事物"（τιμιώτερα）应该关系到哲学的内涵，其级序应归于对一切级序与一切价值的生发点——本原——的回溯论证。

一个对"更有价值事物"常见的误解源自人们没有认清《斐德若》内部贯穿全文的联系，源自对柏拉图的语言使用漠不关心，从而在一个狭隘的视域内试图拒绝它与哲学内涵的联系：他们以为"更有价值之物"所指的是口头讨论活动，以为这一活动本身就已经超越了书写。尽管对这一表述进行内涵上的解读显然无误，但他们仍然拒绝之，这种拒绝的背后动力乃是二十世纪反内传学说的偏见：人们不愿意承认，柏拉图式的辩证家可能故意将根本的内容搁置一边（这一解读当然也不想承认，在《斐德若》中呈递出省略重要领域的两个清晰指示：246a和274a）。

---

① 老学园（Alte Akademie或曰Ältere Akademie），指柏拉图学园的第一时期，即从建立之初（约公元前387/386年）到掌门人Krates去世（约公元前268/264年）。——译注

② 如参亚里士多德：《尼各马各伦理学》（*Ethica Nicomachea*）1101b11, 1102a4, a20, 1141a20, b3, 1178a1；《形而上学》1026a21, 1074b21；《论动物分类》（*De Part. an*）644b25；特欧弗拉斯托：《形而上学》6b28, 7b14, 10b26, 11a23（论Speusippos）。

③ 与之类似，《形而上学》983a5—7，1026a21，《论动物分类》644b32。

如果这一解释是正确的，那么就让我们稍微想一想从中产生的后果。如果脱离对论证更高内涵上的要求，那么哲学家对书写作口头辩
护就仅仅局限在我们于所有可能的日常领域、于所有的日常经验中所 76
认识的方式，就是说，这一口头辩护是一种继续的安抚与调解，它与应该被帮助的书写在同一反思层面上运作。但是这样一种帮助，正如惯例所示，还不如说致力于证明自身的书写是合宜并且可靠的，然而柏拉图的辩证家却通过他口头的帮助恰恰将自身的书写视为“价值较低的”。进一步说来，任何一个有点儿智商的作者都有能力在缺乏内涵更高的论证条件下，为自己的文字提供一般意义的帮助；这似乎意味着任何禀赋平平的人均配享有**哲学家**这一称号，即使他根本就没有与柏拉图的理念辩证法打过交道。事实上存在一些新解释者，他们相信：柏拉图在此将这一名称“**赐予**”所有可能的作者，只要他们对待自己的书写仅仅持有“一种保留的态度”。但我们已经看到了，书写批判中所谓的“有识者”(276a8, c3—4, 278a1, c4)，只能是熟知柏拉图理念哲学和辩证法的人(参276e5—6, 277b5—8)。就柏拉图所标识的**哲学家**之意谓而言(参上文第68页以下)，如果一种解答认为这一头衔对于任何人都可忽然轻易获得，他就难以让人信服。此外，既然对话录中已经有足够多的地方指出辩证家口头的“帮助”如何进行，既然它们在此完全证明了“更有价值的事物”的内涵阐发，那么这一解读就只能出于对上述事
实显而易见的无知。 77

十五
对话录中"对逻各斯的帮助"

既然对话录是对有识者生动对话的"模仿"(参《斐德若》276a),那么我们也可以重构辩证家**口头的**影响力根本所在,即重构对逻各斯的帮助。口头的逻各斯在书写中展示出来,初看恐怕像是矛盾。不过,只有一个书写下来的对话自称,它包含着自身需要的帮助,这种矛盾才会出现。但与之相反的事实则显而易见:对话录在诸空略段落中暗示了此时此地不会传授那些对论证而言必要的、因此足以作为"帮助"的论题。只要读者清晰地知晓,提供帮助的逻各斯作为已经被书写下的东西显然还需要帮助,这一帮助是其自身不能提供的,那么在柏拉图的对话录中,一个书写的逻各斯来"帮助"另一个同样被书写下的逻各斯,就其自身而言并无什么矛盾,也没有什么疑难。换句话说:对柏拉图而言,将引向本原知识的更高帮助只托付给书写作品才是矛盾的。显然,柏拉图的对话录并没有违背这个条件。

当逻各斯遭到了攻击,它的所有者需要去帮助它,这就是帮助情境(βοήθεια-Situation),这乃是柏拉图对话录中心的结构原则。在一些情形下,"帮助"(βοηθεῖν)这一词语被明确使用,而有些场景为近义的表达所替代——但是根本的情境始终如一。这里的问题一直未变,即逻各斯的所有者是否有能力,以新的和更为重要的思想方式和论证,就

是说凭借更有价值的东西去帮助——如果他可以，那么他就是**哲学家**。 78
代表着辩证家形象的对话引导者始终经受住了这一任务的考验，而其他人则中途放弃——因为仅仅只有沉思理念者才是**爱智之人**。让我们转向对这一点的证明[①]。

1. 柏拉图式的帮助：三个范例

（1）在《斐多》中，希米阿斯（Simmias）和克布（Kebes）批评了灵魂不朽（84c—88b）之后，紧接着中断了正在讲述的谈话。在柏拉图那里，诸如此类的安排始终有着这样的功能，即强调下文。艾希克拉底（Echekrates），场景对话中的倾听者，希望从讲述者斐多那里得知，苏格拉底面对来自忒拜的朋友引发的对话危机是恼羞成怒呢，还是“尝试冷静地帮助逻各斯；他是充分地帮助了它，还是未能如此。”（πρᾴως ἐβοήθει τῷ λόγῳ; ἱκανῶς ἐβοήθησεν ἢ ἐνδεῶς, 88d9—e3）艾希克拉底从两个角度追问苏格拉底的反应：其人与其论证。斐多便继续从这两个层面报道苏格拉底如何展现出过人之处：一方面，在讲述对话第二次中断时——这一中断显然是对第一次中断的再次强调——文本顺带点出（102a）苏格拉底使批评者对他帮助逻各斯（βοηθεῖν τῷ λόγῳ）的能力心悦诚服。另一方面，从论证上看，苏格拉底为了回应克布的反驳（从96a起），越过主题“灵魂”，而报告了一个包含生成与消逝之根据的理论
（“因为我们必须从根本上研究产生与消逝的原因”，ὅλως γὰρ δεῖ περὶ 79
γενέσεως καὶ φθορᾶς τὴν αἰτίαν διαπραγματεύσασθαι, 95e9—96a1）。如人们所知，这个理论引向理念假说的阐发（99d以下），从此为起点，灵魂的问题仿佛就能作为次一级的特殊事例被讨论（105b以下）。

---

① 下面两段中对于“帮助”情境的描写参阅《柏拉图与哲学的书写性》中对所涉及的对话的详细阐释。

从这个对话的片段中我们可以确认如下特征：

1. 成功地帮助逻各斯将由对话引导者来实现（自然不是希米阿斯和克布）。

2. 为了帮助其第一个（关于灵魂的）逻各斯，苏格拉底先谈论了其他的东西（关于理念等）。他暂时转换了主题（然而并没有从眼前抹去“不朽性”这一普遍主题）。

3. 这一新主题涉及涵盖面更广的原理，这一原理引向接近第一始基的知识。预设法（Hypothesisverfahren）规定了直到充分处（ἱκανον）的连续上升，这一充分处显然应该作为本原来把握（101de，参107b）。既然帮助的逻各斯使得一个更为全面并更为坚实的知识成为可能，那么讨论一个“更高级序的”理论在事实上也是合法的。

（2）在《政制》的第二卷中我们从一开始就听到格劳孔和阿德曼托斯攻击正义，而苏格拉底在第一卷正是针对特拉叙马霍斯为正义做了颇有成效的辩护。他们要求苏格拉底帮助这一正义（当然也借此帮助有利于正义的第一个逻各斯），后者承认这是他的责任。βοηθεῖν（帮
80 助）这一表达在上下文中至少出现了五次[1]。苏格拉底带来对正义的帮助涉及直到第十卷的整个论述过程。为了获得一个关于正义的理论，他改变了直接的论说对象，谈起了最好的国家和灵魂；为了再次为其国家的观念辩护，他谈了理念和个别事物的区别，谈了哲学家的本性（Natur）与教育，并且在后一主题的框架中谈论了普遍的“最高学习对象”（μέγιστον μάθημα），即作为“万有之原则”的善之理念。对正义的“帮助”也是一个层层上升的过程[2]，尽管没有到达本原的（τί ἐστιν[3] 正好存而不论，506de）知识，却也仅相距咫尺之遥了。善本身就是至高之

① 《政制》第二卷，362d9，368b4，b7，c1，c5。

② 参445c5，ἐπειδὴ ἐνταῦθα ἀναβεβήκαμεν τοῦ λόγου。

③ 其之所是。——译注

物（μειζόνως τιμητέον τὴν τοῦ ἀγαθοῦ ἕξιν，509a4—5，也参b9），这样与其相系的论述相比于其他以较低级序之事物为鹄的的理论与论证，应该被恰如其分地视为更有价值的东西。

（3）与苏格拉底在《政制》中对正义的帮助极为相似，《礼法》中展示了雅典人对渎神法（Asebiegesetz）的帮助。对帮助的召唤几乎同一于对宗教责任的召唤[①]，这足以显示出二者进程意谓之一律。雅典人预言了刚刚颁布的法律可能遭到无神论者发出的批判。这一法律，就像所有法律一样，将以书面的方式宣告给应新成立的克里特国家的公民们（891a）；同时在与克莱尼亚（Kleinias）和梅格罗斯（Megilos）的口 81
头谈话中，立法者现在已经准备好了可以为书写下的东西做辩护的论证。这里说的并不是一个法律—政治的辩护，后者显然是任何一个立法者，即使其不是哲学家，都必须准备的。毋宁说，对话引导者迟疑是否开始对逻各斯的帮助（ἐπαμύνοντες λόγοι）[②]，因为其不可避免地导致“越过立法”（νομοθεσίας ἐκτὸς βαίνειν，891d7）。事实上，雅典人在帮助过程中离开了一般的水平和迄今的论题，并为了确保宗教法之基础，阐明了运动的概念、灵魂的自我运动、灵魂相对身体的优先性、宇宙中善与恶的作用及万有由神驾驭（891b—899c）。这样，同《政制》一样，《礼法》也证实了凭借《斐多》便足以确认的“帮助”的一切特性。此外，这一文本还极为清晰地表明：柏拉图式的帮助除了越界（ἐκτὸς βαίνειν），

① 《礼法》卷十，891a5—7：“对我来说，不帮助这些逻各斯可谓渎神（不虔敬）”（οὐδὲ ὅσιον ἔμοιγε εἶναι φαίνεται τὸ μὴ οὐ βοηθεῖν τούτοις τοῖς λόγοις）；《政制》卷二，368b7—c1：“因为当正义被唾弃之时，若拒绝支持与帮助，我怕这是渎神的（不虔敬的）”（δέδοικα γὰρ μὴ οὐδ’ ὅσιον ᾖ παραγενόμενον δικαιοσύνῃ κακηγορουμένῃ ἀπαγορεύειν καὶ μὴ βοηθεῖν）。

② 与《政制》第二卷进入到“帮助”类似（参上文第79页），这里有一系列对帮助的表述：890d4 ἐπίκουρον γίγνεσθαι（参《政制》368c3 ἐπίκουρειν），891a5—7（文本见第80页，注释2），891b3—4 ἐπαμύνοντες λόγοι，b4—6 νόμοις... βοηθεῖν。

即通过主题转换，便“不能以其他方式”（μηδαμῇ ἑτέρως）达成（891d7—e1），并且这一进程逐渐引向万有之首（πρῶτα τῶν πάντων，891c2—3及e5—6）。

这样，柏拉图式的“帮助”就是对话引导者（“辩证家”原型的代表
者）为受到批评的逻各斯辩护的过程，其方法在于通过暂时离开主题，
82 继续趋近诸本原的知识，以便在“更高等级的”论题中为其本来的逻各
斯展示一坚实之基础。

2. 始终如一的帮助情境

我们知道，除了βοηθεῖν（αὐτῷ或τῷ λόγῳ或τοῖς λόγοις），柏拉图表示帮助的词还有ἀμύνειν/ἀμύνασθαι（比较ἐπαμύνοντες λόγοι）和ἐπικουρεῖν或ἐπίκουρον γίγνεσθαι。柏拉图对一成不变的术语[①]的公开厌倦让人们一开始就期待：这个书写批判的核心概念在他那里有着语言上更多的变化。为了发现那些近义表述（Synonyma），人们必须从那奠基性的、始终如一的**情境**出发：首先给出一个命题（“灵魂是不朽的”；“正义胜过非正义”），接着给出第一步的论证——然而随后，逻各斯之父（πατὴρ τοῦ λόγου）却陷入论辩（Elenchos）之中，就是说，他被要求，将逻各斯向更深的奠基回溯以显示其配享哲学家之名。

重要的是，根据《斐德若》278cd的证明，**哲学家**与**非哲学家**应该以此种论辩来衡量。随之可以期待，尽管在对话录中各色人物形象在论辩中登台，不过只有一种人，即辩证家，通过了测试。进而言之，辩证家有能力不断给出帮助（《斐德若》276ef），这也至关重要——如果一个教师无能于此，我们只能将其视为非哲学家了。

高尔吉亚的情况便是如此。他的学生柏罗斯（Polos）在师长的逻

① 参《卡尔米德》163d，《美诺》87bc，《政制》533e，《政治家》261e。

各斯受到苏格拉底的批判后，希望“重建”这一逻各斯的合理性（《高尔吉亚》462a2）却未能成功，正如紧随其后的卡利克勒斯也功亏一篑。他们的老师不是柏拉图意义上的哲学家，自然也就不能教导对逻各斯的帮助（ἐπανορθώσασθαι τὸν λόγον）（等同于 βοηθεῖν τῷ λόγῳ）[①]。 83

由于叠加着极度的讽刺，在《大希庇阿》中的情境并不是那么一目了然。苏格拉底想把希庇阿标榜为技高一筹的师长，自己则欲拜师学艺，以便在他与所谓的匿名第三者论辩失败之后，“将对话重新来过”（286d7，ἀναμαχούμενος τὸν λόγον）。希庇阿为重整旗鼓所预备的东西也被苏格拉底（反讽地）评为帮助（ὅτι μοι δοκεῖς…βοηθεῖν，291e5）。而事实上那个所谓的匿名第三者显然仅仅是一个苏格拉底内心声音的面具（特别参 304d）。他因此也就始终是在对话中的那个胜利者，特别是在对希庇阿攻击的顺带回应中（300b 以下），拓展出了更为深广的诸主题。

极为尖锐的讽刺也体现在与希庇阿更短的交谈中[②]。由于为“急症”所袭（κατηβολὴ，《小希庇阿》372e1），苏格拉底成了一个道德上可疑论题的代表者，然而他希望通过希庇阿得到“治疗”。他请求“不要拒绝医治我的灵魂”（μὴ φθονήσῃς ἰάσασθαι τὴν ψυχήν μου，372e6—7）。在对话情境的上下文中，这说的正是“来帮助你的逻各斯”（βοηθεῖν τῷ σαυτοῦ λόγῳ），因为希庇阿代表的是伦理上正确的观念——如果他能在更深的层次上论证它，他也就能医好苏格拉底的“急症”。然而希庇阿不是**哲学家**，所以他的“治疗”正如对其逻各斯的帮助一直付诸阙如。

在《欧绪德谟》中，对对手反讽性的推崇达到了顶点。两个诡辩家

---

① 普罗塔戈拉同样如此——对我们而言他是一重要的思想家——对柏拉图而言，他不是哲学家，因为关于这一关键问题：他是否有能力帮助自己的逻各斯（εἰ οἷός τ' ἔσῃ τῷ σαυτοῦ λόγῳ βοηθεῖν，《普罗塔戈拉》341d8），在对话的进程中得到的答案是否定的。

② 指对话录《小希庇阿》，相比于《大希庇阿》其篇幅略短。——译注

84 (Eristiker)被“当作狄奥斯库里”[①](293a2)唤来援助,他们颇有裨益的介入似乎完全可以和对希庇阿“治愈灵魂”的期待相提并论。既然苏格拉底已经将这对诡辩家抬高到了卡斯托与波吕丢科斯这样的解困者的层次上,他就不再用“帮助”,而是说“拯救”了:δεόμενος τοῖν ξένοιν... σῶσαι ἡμᾶς...ἐκ τῆς τρικυμίας τοῦ λόγου[②](293a1 —3 ,δεόμενος βοηθῆσαι τῷ λόγῳ ἡμῶν[③])[④]。诡辩家被请求来帮助一个**陌生的**逻各斯,如对话录《克拉底鲁》和《泰阿泰德》所展现的,这属于辩证家的能力(就亟需帮助的逻各斯所允许的程度与范围而言)。苏格拉底为克拉底鲁(他自己在现场)或普罗塔戈拉的立场(由其学生特奥多罗[Theodoros]代表)做了一部分辩护;但是极具典型意义的是,尽管他必定自己能承担对他人的帮助,但这帮助最终不会前行太远:因为只有理念哲学的立场可以经受任何考验。在柏拉图的意义上“帮助”不是智性上的机巧圆滑,而是正确的存在论(ontologisch)立场。

在《大希庇阿》中,谈话低人一等的苏格拉底在一位“更智慧的人”那里寻求指教,这一游向滑稽的理念于《会饮》中被柏拉图严肃地
85 重构。据说苏格拉底曾与阿迦通(Agathon)陷入同样的迷雾中(《会饮》201e),他便询问智慧的蒂欧提玛,以学习关于爱若斯之事。这一期望并没有落空。和《大希庇阿》里的匿名第三者一样,曼提尼亚

---

① 狄奥斯库里(Dioskuren),希腊海难时的援救神,为兄弟卡斯托与波吕丢科斯二人,并称狄奥斯库里。——译注

② 意为“请求这两个异乡人……从言辞之风浪中……将我们拯救”。——译注

③ 意为“请求帮助我们的逻各斯”。——译注

④ 我试图解读书写批判中的哲学家形象和《欧绪德谟》中哲学家漫画像之间丰富的和紧密的联系,参《苏格拉底对守密的嘲讽:论〈欧绪德谟〉中的哲学家形象》,载于《古代与西方》26,1980,前揭,第75—89页。苏格拉底自己保守知识,而同时将其反讽地强加给欧绪德谟,正如其隐射回忆学说和辩证法的概念所展现的。参下文第105页和第119页。

(Mantineia)的女预言家蒂欧提玛同样是一虚构的文学形象。于是,其实再一次是苏格拉底将讨论引向前方。既然他处理的东西有着更为重要的哲学意蕴,其引向接近本原的知识,那么也就不容否认,苏格拉底在自己的蒂欧提玛讲辞中远远越过了与阿迦通关于爱若斯对话的范围。

列举上述这些平行的情境和近似的表达足矣。帮助逻各斯标示着柏拉图对话的结构原则,它将目标指往更高的论证层次并引向来自本原的最终论证,现在这应该已经一目了然了。

十六
向本原的上升与哲学表达的界限

柏拉图不止一次说起，知识的目标是向最后的超越原则上升。他可以谈及从一个预设向更高预设，并且直到某一“充分处”的上升（《斐多》99d—107b）；谈到升华的美之认识，即从观察美的身体经过认识习俗美到观望美自身（《会饮》，210a以下）；或者谈及认识方式的级序，其中最高的理智活动（νόησις）首要认识本原（das Prinzip）（《政制》509d—
86 511e）[①]。无论如何，这些段落的意旨在古代并未被误解，人们在“上升”（Aufsteigen）与“超越”（Übersteigen）的趋势中看到了柏拉图主义的本质。

但是极少有人看到，恰恰上升的运动在对话录中就是戏剧模仿（Mimesis）的真正主题。如果这个事实跃入眼帘[②]，那么大多数对上升本身的强调却遗忘了对话录始终仅仅展示了上升运动的一个断片，并

① 在这样的情境中也自然应该想起“灵魂马车”向“超天际地域”远行的神话图景（《斐德若》246a以下），即使这里，彼岸观望的对象（247de）中也没有一个被强调为其他东西的本原。

② René Schaerer：《柏拉图式的问题》（*La question platonicienne*，1938，1969第二版）与Paul Friedländer：《柏拉图》（*Platon*，1928，1975第三版），二者的解读对于这一考察都具有示范性。

足够清晰地表现了对这一进程刻意的限制。正是对书写批判的正确理解解释了，为何上升与书写摹本的限制（Limitierung）紧密相系，为何“更有价值事物”带来的“帮助”与必要的“沉默”（das σιγᾶν πρὸς οὓς δεῖ）紧密相系。上文给出柏拉图式“帮助”的例证（第78页以下）不仅仅是利用更有价值事物的例证，同时也是明显的空略段落的例证。

柏拉图的更有价值之物最终以本原知识为导向，这一论断鉴于如下事实而更显出其关键性，即亚里士多德在《形而上学》和其他著作中记载了一个柏拉图的本原学说，而这一学说在对话录中并未为我们所见。这种矛盾导致柏拉图研究陷入一种根本没有必要的混乱。人们曾经不打算承认：既然亚里士多德有二十年在柏拉图的学园里生活，他就能够比今天仅仅固守于对话录的柏拉图学家更详尽地知道柏拉图的本原学说。所以人们试图最小化亚里士多德记载的意义：一些人故意将轮廓 87
正逐渐明晰的本原学说限制到柏拉图生平的一定阶段，即他的晚年——随之他们认为，老年柏拉图没有时间关于此再写一个对话录了。另一些人认为，这些记载仅能理解为亚里士多德的阐释。除此之外，柏拉图研究圈长久以来顽固地不承认柏拉图本原学说的存在，其原因还在于，人们对在书写文字中有所保留的可能原因尚没有一个清晰的认识。

为什么偏偏是哲学处理本原的一部分要预防成文的散布呢？在书写批判的背景下，答案清晰易见：对象越复杂，就越容易导致误解，并由之引发无根据的蔑视，而面对这种情况，缺乏作者在场的文字无从为自身辩护（参《斐德若》275de）。这样的蔑视对柏拉图而言显然不是无关紧要的：如果人们想到，对他来说，理念的世界拥有一个“超越天际”和“神圣”的地位①，这就变得完全可以理解。也许更重要的是，就柏拉图而言，对一

① 人们只需要想到“超越天际”的地域作为理念的地域（《斐德若》247以下），或者也想想“与神相匹”（Angleichung an Gott），从客观上说即与理念世界的秩序性相称（《政制》500b—d）。

个不适宜的人或者尚未做好充分准备的人进行传授根本毫无意义。这样的内容他称为ἀπρόρρητα（aprorheta），即“不可提前传授的东西”，因为如果在接受者尚未足够成熟之前传授它们的话，“任何东西都不会被澄清”（《礼法》968e4—5）。既然就其根本而论，本原理论在哲学中是前提最多
88 的，那么就无从凭借“无能力充分教导真理”（《斐德若》276c9）的书写来进行充分的预备教育，由此将之书写成文只能与自己的意旨相违背。

人们并没有从对话录中摘取这些简单但根本性的洞察，也没有将它们运用到对话录自身，而是担心一个“秘密学说”（Geheimlehre）会归予柏拉图[①]，并且认为对他而言，只有拒绝本原理论，才能使其与秘密学说保持距离。或者人们通过如下假设构造了一个人为的困境[②]，即如果接受柏拉图的本原理论，那么柏拉图的哲学就有两套不同的对象域，其一对应书写的哲学活动，其一对应口头的哲学活动；这一反对意见误识了柏拉图书写性与口头性的关系：其无关于两个不同的对象领域，而是以论证层次逐步提升的方式对同一问题的一个不懈的哲学活动。

这两种试图将亚里士多德关于柏拉图“未成文学说”的记载去除的努力，已经注定是失败的。它们无法展现出这些记载仅仅是些解
89 读[③]——相反：亚里士多德在这里异常清晰地区分了他的对手所言之

---

① 关于内传主义与秘密学说的区别参下文第152页。

② 参Gregory Vlastos的文章《评克雷默〈柏拉图与亚里士多德论德性〉》，载于*Gnomon* 35，1963，第653页以下。

③ 这正是Harold Cherniss的论证目标。见氏著：《亚里士多德的柏拉图批评与学园》（*Aristotle's Criticism of Plato and the Academy*），Baltimore 1944。关于Cherniss的尝试，伟大的亚里士多德学家W. D. Ross（《柏拉图的理念论》[*Plato's Theory of Ideas*]，Oxford 1951，第143页）写道：“亚里士多德并不是Cherniss所归之于他的那个纯粹的鲁莽至误者[……]我根本不认为他[按：Cherniss]成功建立了他的命题，这一命题，即所有亚里士多德关于柏拉图之所言，只要不能为对话录所验证，便纯粹是误解（misunderstanding）或者误述（misrepresentation）。”

物和他自己从对手的设定那里得到的推论[1]——而从编年上将本原学说限定于柏拉图的晚期也站不住脚。不仅在《政制》中，善的理念首先作为本原（archē）被辩证地把握（504a以下，532e以下，540a），于此哲学王的教育达到顶峰；而且在相对较早的对话录《卡尔米德》和《吕西斯》中已经展现了上升之思，其在到达一、到达本原之前是不可停止的：如果人们想深研爱（φιλία），必须一直回溯到一个“最初的爱”（erstes Liebes），一个πρῶτον φίλον（《吕西斯》219cd）；如果人们想了解明智，那么“关于善与恶的科学”就在阐释的视域中显现（《卡尔米德》174bc）[2]。恰好在《卡尔米德》关于节制的对话中——如我们在上文第27页以下[3]所论及的——出现了“**灵药**”和“咒语”（ἐπῳδή）这两个概念鲜明的比喻用法，这有助于我们理解柏拉图对写下诸本原（archai）的态度：苏格拉底宣称自己拥有可治疗青年卡尔米德的**灵丹妙药**，但此刻却不能将它给出，因为只有与“咒语”相系它才可发挥药力，否则便
无效用（155e8），并且苏格拉底已经对传授给他**灵药**与咒语的色雷斯祭 90
司发誓，在未对接受者灵魂施咒之前，绝不出让灵药（157b1—c6）。**灵药**隐喻蕴含着一个哲学传授正确方式的表述，这无疑可以确定下来[4]。柏拉图让人们认识到，苏格拉底作为一个辩证家持有似乎可以直接传

① 参我的论文：《学园本原理论的不完备性：以亚里士多德〈形而上学〉卷M和N中之记述为据》（Die Lückenhaftigkeit der akademischen Prinzipientheorien nach Aristoteles' Darstellung in Metaphysik M und N），载于Graeser主编：《亚里士多德的数学与形而上学》（*Mathematik und Metaphysik bei Aristoteles*），乃《第十届亚里士多德研讨会档案》（Akten des X. Symposium Aristotelicum）（1984），Bern/Stuttgart 1987，第45—67页。

② 关于上升之思与抉择一切的关于善与恶的科学，参《柏拉图与哲学的书写性》，第127—150页，特别是第145—148页；关于《吕西斯》中的本原之思，同上，第122页以下，也参G. Reale：《柏拉图的一个新阐释》，第456—459页。

③ 原文仅为第27页，据作者手校本改。——译注

④ 参《柏拉图与哲学的书写性》，第141—148页。

达的洞见，但是又小心翼翼地不去传达，因为只要卡尔米德没有预先被施咒，并由之没有准备好理解上述手段（Mittel）[①]，这**灵丹妙药**对他终是无益。于是就关于善与恶的辩证科学之诸核心论题而言，**灵药**是存在的，这些论题是可表达的——这里根本无关于哲学的不可说性——由之也是可能以书面表达并传播的。阻止苏格拉底出让灵药的，乃是一个他对其色雷斯老师发的“誓言”——那么对辩证家而言，为了适宜的接受，只有满足了认知的和伦理的诸条件，才会进一步给出“更有价值的东西”，这对他而言是一种责任，被视为如宗教的誓言约束（Eidesbindung）一般强力。而书写，正如我们所知，是不能创造这些条件的。

在早期的《卡尔米德》中通过隐喻所传达的，在《蒂迈欧》中得到直接表达：恰恰这些本原不能完全被传授。毫无疑问“创世者”（Demiurgos）的神秘形象就是在《蒂迈欧》中宇宙论（Kosmologie）框架内世界秩序的本原之名。柏拉图说，寻找这个宇宙的创生者和父亲是困难的，而寻得他并通报给所有人则是不可能的（《蒂迈欧》28c3—5）。根据另一段落，“那些更高的本原”（αἱ δ᾽ ἔτι τούτων ἀρχαὶ
91 ἄνωθεν）只有神与亲近神的人们才可认识，并因此从这段叙述中省略了（53d6—7）。

在《蒂迈欧》中，紧随这一论断引入基本三角形（Elementardreiecke）作为可感知物体的元素（Elemente）或“本原”（53cd）[②]。我们作为对话录的读者不可根据一个普遍的规则给出：什么样的本原可以对所有人，即以书写的方式传授，什么样的则不行。眼前的这个例证则使我们略为瞥见柏拉图从感官世界向本原的回溯。这里可传授学说的界限通过

① 这里作者使用Mittel一词是一语言游戏，意为方法、方式或医药或媒介，这样与前文的Heilmittel和mitteilen, mittelbar联系起来。——译注

② 原文作52cd，误，根据Burnet编Oxford版《蒂迈欧》改之。——译注

回溯的第一步，即引向几何学的对象域，确定下来（由于亚里士多德的记述，我们可以确切知道，关于基本三角形的“更高本原”是数[1]）。是否这个界限对柏拉图来说一劳永逸地确定了，我们不能确认——很可能的倒是他需要估量，在他的种子收存中希望多少播撒到“阿多尼斯苗圃”中去，他在书写中对每一个对话录分别确定相应的界限。普鲁塔克已经注意到，柏拉图在晚年更倾向于较为直白地提及他所意味的诸本原（《伊西德和奥西里德》48, 370F）。然而我们还应该补充，从《卡尔米
德》的灵药隐喻一直到蕴含关键概念ἀπρόρρητα[2]（968e）的《礼法》第 92
十二卷，他根本的想法始终如一，即存在不应书面表达的事物，因为提前的表述澄清不了任何东西，并由之是“无益的”。

---

① 亚里士多德那里有极多段落证明了数相对于几何图形存在论意义上的优先性（ontologische Priorität），其中极为重要的是Ross［辑佚的］残篇二，出自《原善》，保存在Aphrodisias的Alexander的《形而上学》注（55.20—26 Hayduck）中，也参K. Gaiser:《柏拉图的未成文学说》（*Platons ungeschriebene Lehre*），Stuttgart 1968，第148页和第372的注释125。

② 即“未提前说之物”。——译注

十七
一些空略段落

始终不变的还包括：从对于空略的提示中并不能充分清晰地获知到底什么内容被略过了。如果我们仅仅根据《蒂迈欧》53d的暗示，便根本不能从中寻得何谓基本三角形之上的“更高原则”。在这种情况下，如前所述，正是亚里士多德对柏拉图未成文学说的证实才根本上带来了必要的清晰[1]。这同样适用于《政制》506de中著名的空略段落，其中苏格拉底明明白白地告诉他的对话伙伴格劳孔，善的本质（das τί ἐστιν）是不应该解释的，因为这一论题越过了当前对话的领域。尽管恰如伽达默尔所见，这里所意味的本质陈述（Wesensangabe）——善等于一——“也隐含在《政制》的构建里”[2]，但如果谁就因此推断，从《政制》的构建中就足以看到对柏拉图而言并未传授的善之本质，他就成了
93 循环论证的牺牲者了：因为事实上，我们在亚里士多德那里找到了直接的表达，即学园中人将一本身与善本身相提并论，将事物的本质（οὐσία）

---

① 参上文第91页注释1。尽管看起来《礼法》的894a暗示着同一论题，这一段落却也需要间接流传文献的澄清。参本书第112页以下。

② Gadamer：《柏拉图与亚里士多德之间的善之理念》（*Die Idee des Guten zwischen Plato und Aristoteles*），1978，乃《海德堡科学院会议报告》（SB Heidelberger Aked.Wiss.），第82页。

与一相提并论(《形而上学》卷N第4章,1091b13—15)。仅仅因此,我们才从《政制》的建构中也间接地提取一等于善这一等式。

这样在指示柏拉图口头哲学本原理论的空略段落那里,只有当柏拉图本文外的流传文献提供给我们相应的钥匙,我们才能把握其指示的含义。

幸运的是还存在另外一种空略段落。与第一种相同,它也并非摆出一个谜题,从而通过对谜题本身绞尽脑汁的苦想和细致入微的索隐便能揭开谜底;毋宁说,与上述境况无异,如果没有外在于相应作品提供的附加信息作为监察,空略的内容就无法得到重构。不过与第一种类型不同,在这一情况下对意图(das Gemeinte)进行补充的必要信息来自**柏拉图的**其他作品。这些段落的价值在于,它们指示了我们对空略段落的阐释得到了柏拉图本人权威的确认:我们可能通过它们——在柏拉图全集的内部,而不必援引只是间接流传的"未成文学说"——就可检测并证实柏拉图的空略段落并非含糊的允诺,而是极为具体地指向了轮廓分明的论题;它们不是根本上潜含于文本可解的谜题,而是对他处已经陈述的哲学结论的直接提示。

这种空略段落很多关涉到灵魂学说。而当人们想到,灵魂的理论对于柏拉图的存在论、知识论、宇宙论及伦理学何等重要,也就不必对这一现象惊讶了。在《斐德若》中柏拉图表达得一清二楚,没有对于整全(das
All)的指示,便不可能拥有对灵魂本性的知识(270c)。与之相应,做出关 94
于灵魂本性最为清晰陈述的对话者,来自洛克罗伊(Lokroi)的蒂迈欧,也被刻画为对整全之本性最了如指掌者(《蒂迈欧》27a),并且在报告的进程中,他确然将宇宙论与灵魂学说紧密相连。既然灵魂理论丰厚的哲学背景不能每次都展开,既然最终的论证存在于不可向所有人公开的本原(archai)之中,因此就不难理解为何在这一关联中存在较多的空略段落。

在《斐德若》关于爱若斯的伟大神话中,柏拉图先将灵魂不朽的证明建立在灵魂的自身运动之上,随后才谈论灵魂之形(Gestalt)(246a)。

他认为，展示灵魂之所是，需要极为神圣和漫长的阐释，因此这里只能以简短的属人的阐释，说明其之所近似（246a4—6）。

人们相信从“神圣的”与“属人的”阐释之对立一定会推出，易逝的属人的东西就是人们原则上所能得到的一切。然而在柏拉图那里，“神”性的知识并非就对人先验地紧闭着——恰恰相反，当一个人实现了其最高的可能性时，由于他通过理念知识接近了**智慧**的神，他就成为**爱智者**。于是在《蒂迈欧》中也有言，卓越的属神的**本原知识**（Erkenntnis der archai）对于爱神者是可通达的（53d）。与《斐德若》类似，哲学家的灵魂能够总是通过回忆（Anamnesis）流连于理念世界，并由之“完美”，正如理念世界的认识使神成为神圣的（249c）。

95 事实上从《斐德若》本身中就可以获知，灵魂本性的分析必然贡献出不止于其所意欲提供的双翼马车之形象比喻，后者在246a以下仅被称为“属人的”解释。一个如此的分析不得不问：灵魂是单纯的还是多部分（mehrteilig）的；如果它是多部分的，其施动与受动（Tun und Erleiden）的能力（dynamis）何在（270d1—7）。显然这个神话没有批判性地面对这些问题，没有以论证来进行抉择，而是以一种天才般的诗性譬喻进行了非论证的回答。不过同样清晰的是，这些问题在柏拉图对话录的框架中能够以批判—论证的（kritisch-argumentativ）方式得到回应，并事实上在《政制》第四卷中已经得到答复。其中435e以下详细论证了为何灵魂不应该被视为单一的（einheitlich），为何灵魂恰恰被分为三个部分，它们分别的能力是什么。

与之相应，那么在《政制》第四卷中灵魂本性的“神圣”阐释就以书面方式呈于我们面前了吗？如果这样认为就太过了，因为那里给出的灵魂本性理论本身也是伴随着重大局限的（我们将马上切近考察这点），然而没有一个有判断力的读者会反对，《政制》第四卷中的论证远比《斐德若》270d（也参271d）出色地完成了一个哲学灵魂学的筹划，它无论如何也比灵魂马车的精美图像更接近“神圣的”阐释。

除了对灵魂本性的深入了解，辩证家作为哲学修辞学的代表，首先需要物之本质的知识，既然他意欲传授关于此物的真理（《斐德若》273d—274a，参277bc）。这里也就指示了一条“满含艰辛”的“漫长曲径”，但是这最终会使得人们能够通过言与行而取悦于神（《斐德若》273e4—5, e7— 96
8, 274a2）。柏拉图这里所说的“道路”乃是辩证法之路或辩证法之“旅”（πορεία，《政制》532e3），正如柏拉图一直将其描述为事实上可以通行的道路，就是说，将其描述为一种实际的、他已然了解的“人之可能性”，并且这条道路引向一个明晰的目的，而人之幸福正系于其上。不过，这条对话录中所指示的口头辩证法之途却是在书写中决然不可通达的。

在《高尔吉亚》中，柏拉图勾勒了一种灵魂理论，但其中灵魂之“形”（Gestalt, ἰδέα）显得比三分的灵魂马车图像更要模糊。苏格拉底的谈话伙伴卡利克勒斯，正如我们上文所见（参第16页以下），其盲目的自我中心主义和飞扬跋扈妨碍了他理解苏格拉底伦理学的核心命题，而最大的阻力便是他对欲求原始的认同（491e — 492c）。为了强调与卡利克勒斯思想世界的距离，苏格拉底抛出了一个完全不同的人类形象与之对抗，称此观点出自那些异域未知名姓的“智慧者”（σοφοί）。根据这一见地，那些没有理性的人乃是未入秘仪者（Uneingeweihten）（493a7）：他们不知道在身体（σῶμα）中的生命就如在坟墓中的生命（σῆμα）[1]；像达奈德们[2]的传说中形象表达的，不断从冲动与欲望中得到满足即试图用滤器来为有裂痕的罐子满水[3]（492e8—493c3）。在苏格拉底的生动阐释中，罐子

---

[1] 柏拉图在这里利用σῶμα和σῆμα的读音相近做了一个语言游戏。亦可参柏拉图《克拉底鲁》，400bc。——译注

[2] 达奈德们（Daneiden）指达纳欧（Danaos）的五十个女儿，其父与双生兄弟艾吉普特（Aigyptos）分裂后，与她们一同从埃及流亡而出，而艾吉普特派五十个儿子追赶至阿哥斯（Argos），欲胁迫婚姻。——译注

[3] 类似于中文说竹篮打水。——译注

相应于灵魂的一个部分，就是“那个欲望所驻身之地”(493a3, b1)。灵
97 魂乃是一个结构化的整体，“滤器”服务于“罐子”的需求；这显然与非理性生物和为冲动(Trieben)所控制生物的生活方式相应，就像对卡利克勒斯而言，明智(φρόνησις, 492a)仅仅具有为冲动服务的功能。总的来说，对上述传说的使用一方面意谓着要求卡利克勒斯选择自我节制的生活，而不是放纵和根本贪得无厌的生活(493cd)，另一方面意味着欲望和冲动并非代表了整个灵魂，而仅仅是灵魂中低于明智的一部分，它们并不了解另一种生活——不受身体羁绊的理性灵魂生活。除此之外，如果以柏拉图《政制》中与灵魂分部学说相系的主德[1]系统(489e, 491c—e)来衡量卡利克勒斯的卓越理想，那么就能清晰看出，倘若他要从其迷误中摆脱出来，他就需要一关于其自身的，关于值得追求的生活方式的，并首要关于灵魂结构的启蒙。只有这样，他才能理解什么叫“统治其自身”(αὐτὸν ἑαυτοῦ ἄρχειν, 491d8)。然而卡利克勒斯没有得到这一启蒙，显然因为他的道德状态排斥了他认知上的进步。凭借秘仪隐喻，柏拉图指示卡利克勒斯(包括对话录的读者)，这里本质的东西故意从讨论中被剔除，虽然从客观上说，这对于问题的完整澄清不可或缺：苏格拉底这样高抬卡利克勒斯，称如果他在了解“小秘仪”之前获知“大秘仪”的话，就是幸福的(497c)——任何当时之人都知道，在厄琉息斯秘仪[2]那里这是不可能的，而柏拉图仍然让苏格拉底特意如此表

---

① 这里所谓的主德(Kardinaltugenden)即勇敢、明智、正义、智慧。——译注

② 厄琉息斯秘仪(eleusinische Mystierien)是古希腊时期位于厄琉息斯(Eleusis)的一个秘密教派的年度入会仪式，这个教派崇拜德墨忒耳(Demeter)和珀耳塞福涅，被视为古代所有的秘密崇拜中最为重要的一种。小秘仪一般在阿提卡历第八月(Anthesterion，相当于公历1月到2月之间)举行，时间也偶有变化，不像大仪式那样严格。这个仪式是为了洁净入会的候选人，为他们几个月后参加大仪式做准备。大秘仪则更为隆重，开始于阿提卡历第三月(Boedromion，约莫公历8月到9月间)并持续九天，参加者也受到更为严格的限制。——译注

达。读者应该领悟到，在《高尔吉亚》中不必期待柏拉图对“大秘仪”的透露[①]。 98

对卡利克勒斯而言，柏拉图灵魂划分学说的引导已经带来了一个关键性的进展，正如在《政制》第四卷中所呈现的。而对代表辩证家的角色即苏格拉底而言，这一解说则根本不能与“大秘仪”的揭示相提并论。在与格劳孔与阿德曼托斯的对话中，他不再使用秘仪隐喻，而是以非诗意的清晰性明确指出，在提升至理论的论证性展开之前，对话中所历经的讨论对“精确”回答灵魂划分问题尚不充分：

> “并且你应知道，格劳孔，根据我的看法，我们目前在阐释中所使用的方法尚没有精确地把握它——因为这是另一条更长更广阔的道路，其引向……”(《政制》IV, 435c9—d3)

因此对这一理论的证明——其作为德性学说和国家筹划之基础——就哲学上的有效性而言，从一开始就受到了限制。

柏拉图并未止步于一个暗示。他随后强调了他本预备引入的另一奠基性理论。当苏格拉底在第六卷开始解释为何未来理想国家中的哲学王必须具有关于善的知识时，他首先提示在第四卷中已经做出的抉择，在刻意简化的论证层次上论述灵魂理论(504a)。引人注目的是对话伙伴一开始并没有想起来这点——人们几乎有了这样的印象：柏
拉图这里从优越的灵魂知识出发，意欲漫画化自己的无能，即无能为对 99
话设置清晰的限制。然而，苏格拉底始终坚持并最后在面对善之理念这一新主题时重启了同样的限制。“更为漫长之途”在这里同样无可通达。从戏剧内部来看，这是由于对话参加者预备不足(参53a)；而从另

① 对《高尔吉亚》中话语限制的阐释，参《柏拉图与哲学的书写性》第191—207页，尤其第199—204页。

一方面——《政制》乃是书写文本——来看，则是由于书写带给哲学交流的局限。值得关注的是，当苏格拉底接近最高的学习对象（μέγιστον μαθήμα, 503e, 504de, 505a）时，他远比在第四卷中更为明确地强调了导致放弃踏上“更为漫长道路”的不充分性（504b—d）。最后他解释道，他不想处理对善之理念本质的追问（506de），而且以替代的方式给出的日喻在很多方面乃是不完整的；他随后仅仅想报告“在当下乃是可能的”（ὅσα γ' ἐν τῷ παρόντι δυνατόν, 509c9—10）东西。这两个部分异常清晰地阐明，对传授的限制并非来自某种实事的不可说，就像人们间或断言的，而是苏格拉底持有关于善的“见地”，但他经过深思熟虑不予展开：

“但是，你们这些幸运的人，善到底为何，我们想现在把它搁在一边；因为我觉得，其多于就我们当下的进展而言所能达到的。”（506d8—e3）

“——无论如何不要放弃，他说，即使别无其他，也再谈一遍日喻，就你（迄今）所省略的而言。

100 ——现在，我说，我省略了许多。

——他说，你一点儿也不应该略过。

——我说，我觉得许多（我将省略）；不过就当下可能的而言，我将不会随意省略。”（509c5—10）

苏格拉底说，他仅仅想报告“在当下乃是可能的”；其意谓从第七卷中他拒绝为格劳孔阐释简单勾画的辩证法之内容与方法可知：

“亲爱的格劳孔，你不再能跟上我了——因为就我看，预备是不可或缺的。”（533a1—2）

在《斐德若》中（参274a，同本书第95页以下）同样可知对“更为漫长道路”的放弃，这在柏拉图的代表作（按：即《政制》）中一方面涉及灵魂学说，另一方面涉及善之哲学，并且还包含柏拉图辩证法的整个领域，其引向最终的**本原**。像上文所提示的（第92页以下），对这一领域内容的填充可以通过间接的传世文献部分地重构。而就“更为漫长道路”的第一个主题即灵魂学说而言，柏拉图至少已经在《政制》中开始大略地勾画导致迷误之因，并且根据《蒂迈欧》的部分信息我们甚至能够达到朝向清晰和确然之陈述的中心点。

在《政制》的第十卷，柏拉图分两步引入了一个对这一代表作中的灵魂论异常重要的补充：首先他明确了当时为止尚未发挥效力的灵魂不朽（608c—611a），随后他继续推进（611a—612a）：

我们不应该认为，灵魂正如截至目前所展示的，“就其最真的本性
而言”充满了多重性、非和谐性和争执。从“多”中聚合并且未能以最 101
佳方式关联的事物，不可能不易于衰退消逝。然而我们必须看到最纯粹形式的灵魂，即其摆脱了所有派生的、受身体影响而产生的附赘的状态。人们通过望见灵魂的**爱智**（philosophia），就可以认识它“原初的本性”（ἀρχαίαν φύσιν，61d2），并随后看到其所触及的东西和其所追求的领域，与神圣之物和永恒存在的亲近。这样的考察将揭示灵魂“真实的本性”，揭示它究竟是多重的还是单一的。现在则相反，我们是在人的生活之中考察其际遇（πάθη）和形式（εἴδη）。

于此柏拉图设置了一个对灵魂的未来考察，它与在对话录中当下的考察形成鲜明对比。这两个考察虽然对同一问题，即是否灵魂拥有多重部分，同样有效。并且如果答案是肯定的，则不得不继续追问，是哪些部分：因为灵魂是多重的还是单一的这一问题（612a4）与《政制》第四卷中的问题无异，即灵魂是否显示出在作为放大模型的国家中可以观察到的那些部分（435c4—6）。但是仅仅只有将来的研究会揭示灵魂的“原初的”和“真实的”本性，并且能够言说它们**到底是合成的还是单一的**。

这样,《政制》中的灵魂学强调此岸的,即所谓"经验的"灵魂学。正如我们特别指明的(611c6, 612a5—6),这些结论在这个领域内完全有效。但是它们尚缺少通向最为重要之物的进路:通向其"真实的本性"。

据其所述,对"真实"灵魂的多重性和单一性的追问乃是开放的(612a4);只有对灵魂的最终研究才将对此做出抉择,不过这在对话录
102 中尚付诸阙如。这一表面的开放性导致人们或者将错误的回答强加给柏拉图或者甚至解释道:柏拉图自己在此也不知道答案。

实际上柏拉图对于真实灵魂的见解不但可以在我们阐释过的段落中,也能在《政制》的其他章节中获悉,只可惜缺乏能够获得一个普遍认同的必要清晰性。认为"灵魂真实的本性"无异于此岸仍依附于肉身的灵魂状态,认为前者与后者一般亦是复合的,这一观点在两种考察方式的强烈对照下已经失去了立足点。真实的灵魂近似于神圣物与永恒存在,这一确论完全清晰地展现出,这里所可能意谓的仅仅是灵魂的理性部分(λογιστικόν),也就是三部分中的最高部分。同时,特别是当人们承认在第九卷中关于灵魂三部分的"亲缘性"和秉好之所言(参585b以下)时,灵魂能够"完全追随"永恒存在(611e4)——整个理念世界——的想法也便展示出:既然只有**理性部分**(das logistikon)"始终"倾向于"和谐、不朽和真",并且由此只有它与这一领域相称(参500c),那么也仅仅是它被称为人类中的"神圣之物"(589d1, e4, 590d1)。于是这确然已经暗示了,既然灵魂的其他两个部分导向的是可朽物并追随可朽物,那么仅仅**理性部分**是可能不朽的。而在第七卷的一处几乎更清晰地显明,相对于其他德性,比如类似于某种身体的德行,"理性存在的"(φρονῆσαι)德性乃是"绝不丧失其力量"(518de)的"某种神圣之物"的能力。

那么,从这些段落得出修正过的灵魂学说如下:构成灵魂的三个部分中仅有思之灵魂(Denkseele),即理性部分是不朽的;只有它展示了
103 灵魂不可毁朽的"原初的"和"真实的"本性。而在第四卷中的灵魂其他两部分,它们彼此谐和并与理性相别,但根据其本质,二者仅仅作为

真实的灵魂与身体相系时产生的可朽附赘。

人类灵魂的这一图像在对话录《蒂迈欧》中同样可以获悉。如柏拉图所言（35a, 41d），由创世者所创生的或者“所调和”（zusammengemischt）的单单是思之灵魂，由之只有它不可毁朽。灵魂的其他两部分由下属的诸神作为可朽的附属而“搭建”（angebaut）（69cd），它们根本建立在可朽物上，即建立在欲望和冲动之上（90b），而理性部分所负载的任务则在于通过思把握整全之运化，以此“按照它的原初本性”（90cd, κατὰ τὴν ἀρχαίαν φύσιν d5，参《政制》611d2）使自身相配于天宇的秩序与和谐。

通过从存在论上划分可朽的两部分与不朽的一部分[①]，灵魂获得了这种二分式的结构；柏拉图在《政治家》（309c）和《礼法》（713c）中明确提到了这一结构，而《斐多》则显然以这一结构为前提。正是在这里，在《政制》的结尾处，我们找到的不是对这一结构明确的称谓，特别是没有从灵魂本性与理智对象（Inteligible）的关系来阐明这一本性——估计因为如果没有关于理念世界的进一步陈述，这样的阐释并无可能，同时谈话伙伴面对“更为漫长之路”尚还稚嫩。而且，上述更为确然的对话录段落也未让人清晰认识到，对灵魂“真实之本性”所公布的结论根基何在。（尽管如此，依然存在的不确定性仅仅在于思之灵魂的本质与构造，而其真实的本性指的是**理性部分**，仅仅只有它才是不朽的，这 104
已经毫无疑义。）

当柏拉图提到“相称”与“亲缘性”的时候，他借此并不简单地指本质相同；毋宁说，他想到了一种本质规定。通过这一规定，思之灵魂被安置到理念与感性事物之间的中间域，就如亚里士多德所论及的，数

① 原文作zwischen dem sterblichen und den zwei unsterblichen Teilen，意为“在可朽的和两个不朽部分之间”，显为笔误，按文意改之。——译注

学对象也从属于这一领域[①]。无论如何，在《蒂迈欧》(35a—36d)中根据数学关系对世界灵魂(即思之灵魂)的著名“调和”(Mischung)提示了这一可能性[②]。

未来的研究将展示灵魂真实的本性，“它是多重的还是单一的，或者它的特性到底是什么”(εἴτε πολυειδὴς εἴτε μονοειδής , εἴτε ὅπη ἔχει καὶ ὅπως, 612a4)。这一表述或许一开始显得有些陌生，而从《蒂迈欧》来看，它就变得可以理解了。认为柏拉图也不确定结论何在是不太可能的。如果人们从《政制》第四卷中的灵魂划分出发，答案一清二楚：由于灵魂的其他两个部分(εἴδη)建立在可朽物之上，并且由此自身可朽，所以真实的原初的灵魂是单一的(μονοειδής)。这里柏拉图只需要一个“敞开性”的表述就够了，其根据恐怕就在于，他不只想到《政制》第四卷意义上的灵魂划分，而是同时想到出自不同“部分”的理智灵魂
105 的“调和”——哪怕在《蒂迈欧》中的“部分”所指示之物与灵魂三分法中的“部分”之所指示完全不同。

柏拉图限制了其代表作611a—612a中的灵魂理论，这一限制的重要意义应是毋庸置疑的。未来更为详细的研究至少在中心点上无疑完全可以由其他对话录补充，通过这点我们得到了保障，即在我们无从检验的地方，柏拉图凭借“更为漫长的道路”指示了他哲学工作的具体结论。

---

① 亚里士多德：《形而上学》A6, 987b14—18和Z1, 1028b19：柏拉图给予数学对象一个存在论上的居中地位。参William David Ross：《亚里士多德的形而上学》(*Aristotle's Metaphysis*)，Oxford 1924，卷一，第166页。

② 关于柏拉图那里的灵魂(psyche)和数学对象(mathematika)的关系，参Philip Merlan：《从柏拉图主义到新柏拉图主义》(*From Platonism to Neoplatonism*)，Den Haag 1968第三版，第13页以下，第45页以下；Gaiser：《柏拉图的未成文学说》，第44页以下，第89页以下。

而从另一个角度看，《政制》611a—612a也是值得关注的：我们断定，通过这一文本指向尚阙如的详尽的灵魂学，其已经在暗示中预先筹划了这一研究的内容。这对我们回到柏拉图释义学而言是一个重要问题，即对暗示作用的追问及对应由读者填充内容的提示之作用的追问。我们一定要将暗示的意义估量得高过我们至今之所为吗？在我们试图回答这个问题之前（参下文第十九章），我们希望转向另一个柏拉图的文本，此文本在暗示中指向其他一些结论，这些结论提供了比文本自身更为根本的意义。

十八
《欧绪德谟》中的回忆学说和辩证法

在对话录《欧绪德谟》中，读者总是不断碰到看似无意义的虚假推理，欧绪德谟和狄奥尼索多斯希望借此误导其谈话伙伴。不过当人们
106 把握了柏拉图对于学习的理解及回忆学说，在此背景下阐释这些虚假推理时，就可以看到，其中不少仍具有积极意义[①]。

他们首先问年轻的克莱尼亚(Kleinias)：谁应该学习，是“智慧者”还是无知者(οἱ σοφοὶ ἢ οἱ ἀμαθεῖς，275d4)？结果“智慧者”的回答被驳回，而克莱尼亚选择“无知者”同样被驳回(275d3—276c7)。对于做出这种反驳的戏剧人物欧绪德谟和狄奥尼索多斯而言，这就是一个纯粹的智术游戏，于此也不会更多。然而，如果人们联系到《会饮》的203e以下和《吕西斯》的218a：根据这些段落，学习者既非智慧者，亦非无知者；那么人们就会同时看到，上述诡辩对作者柏拉图而言却意蕴深长。通过这一“既非—亦非”，上述两个反驳获得了初步的意义，这在《欧绪德谟》中尚付诸阙如，正如与之相关的对爱若斯和哲学的见解同样

① Hermann Keulen：《柏拉图〈欧绪德谟〉研究》(*Untersuchungen zu Platons „Euthydem“*)，Wiesbaden 1971，第25—40页和第49—56页。参Friedländer：《柏拉图》卷二，Berlin 1964第三版，第171页，第177页以下。

阙如。

与之类似，面对第二个问题——人们学习的东西是人们不知的还是已知的——两种可能性均被反驳（276d7—277c7）。在《美诺》中同样出现了这一结果：人们既不能学习他们知道的，也不能学习他们不知道的。不过在那里，这一“诡辩性的论证”（eristisches Argument）通过苏格拉底引入回忆学说而得以克服（80d以下）。但在《欧绪德谟》中没有这一解答。

不过通过《欧绪德谟》偏后一段文字，对之的解答也跃然纸上：诡辩者们证明，谁知道某些东西，他就知道一切（293b—e）；所有人都知道一切（294a—e），且所有人总是知道一切（294e—296d）。这些听起来完全没有意义的东西在《美诺》的背景下变得意味深长：既然相似性连接着所有事物，那么只有从一个唯一的“回忆”出发，认识者才能寻得 107
一切；进而言之，既然灵魂在进入身体之前已经看到了理念，每个人也就事实上潜在地知道一切，并且凭借苏格拉底引导未受教育的奴隶说出几何学认识，人们可以看到，每个人已经永远地潜在地意识到了一切（《美诺》，81cd，85d—86b；参《斐德若》249b中生前对理念的直观）。

两个诡辩者还进一步证明：他们自己的父亲同时也是对话伙伴的父亲，此外也是所有人的父亲，甚至是所有生物的父亲，其中包括海胆、猪和狗（298b—e）。这个所有种类的人与动物特殊的“亲缘性”可看作是下述命题——其包含了回忆学说存在论上的基础——漫画化的变体：即“那整个自然是相互亲近的”（ἅτε γὰρ τῆς φύσεως ἁπάσης συγγενοῦς οὔσης，《美诺》，81c9）。

这就清晰地显明了在《欧绪德谟》中不少虚假推论是在回忆学说的视野下构造的。然而在这里则没有解释这一理论，甚至根本没有提及。“灵魂”（295b4）一词可能会提示，柏拉图的灵魂学说是可能为诡辩者的荒谬游戏提供意义的背景。但是只有已经了解一些柏拉图的回忆学说和灵魂学说的人，才能理解这一提示——如果它确实是一提示的话。

在这里，理念学说也同时被暗示（就回忆学说与理念论客观上的相系而言，这正是几乎应该期待的）。苏格拉底显然熟知个别物与理念之间关系的难题（301a2—4）；“美本身”不同于美的个别事物，但后者通过美的“在场”（比较πάρεστιν，301a4）而成为美。而在诡辩者狄奥尼索多斯代表的水准上则得出，苏格拉底通过一个公牛的在场而成为公牛（301a）。

108 既然在《政制》中，理念论与诸科学之具体关系紧密相系，那么毫不奇怪这一主题在《欧绪德谟》中也被论及。如我们在290cd看到的，数学不可能是所找寻的最高科学。因为在最高科学那里创生（或获取）与使用是叠合的，而数学所获得之物则来自辩证法的转予，就像一个将军将一个被占领的城市转给政治学。这一关于数学与哲学之关系的看法出乎意料地在《欧绪德谟》中出现，它在这一对话录的框架内也是令人费解的。不过一旦人们走出这一框架并且联系到《政制》的510c以下和531c以下，其所意指就会显明开来。这样柏拉图所预设的实多于他所言说的。

在对决定性的最高“科学”（Wissenschaft）或技艺（Kunst）的寻索中，炮制讲辞的技艺（ἡ λογοποιικὴ τέχνη，289c7）被检验并被摒弃。这一拒绝的根据在于“讲辞作家”（Redenschreiber）（289d2）对产品的创作和使用相互分裂：他们写讲辞，但是自己并不诵读；他们的顾客虽然使用讲辞，但自己却不能写出。可以承认的是，**这一**讲辞技艺不会是至高的、引向福祉的技艺——尽管苏格拉底相信可以在这一领域的“某处”找到如此的技艺（289d8—e1）。人们可从这些引人瞩目的表达中获知可能还存在**另一种**“讲辞技艺”，这足以满足“所寻索之科学”（e1）的标准。这显然指的是在《斐德若》中展开的辩证法之一面，即辩证法作为理想的讲辞技艺。在那里，辩证法被视为口头的哲学活动。辩证家在口头的哲学活动中，通过亲自与适宜的接受者交谈导致了“讲辞”

的产生，并且同时根据灵魂知识和实事知识的准则正确使用讲辞①。 109
从《斐德若》中也可以看到，辩证的讲辞（λόγοι）确保人们可能的福祉（Eudaimonie）（277a3）。

总的来说，人们可以察觉到，对话录《欧绪德谟》中存有一深厚的哲学背景，它隐蔽地决定了其中的思想进程，而不是公开地掌控之。柏拉图哲学的重要组成部分，如回忆学说、理念学说和辩证法理论实际上都在场，但没有被明确地提及，也很少以系统的方式论及甚至论证。在对话录中它们同样没有为谈话伙伴所注意，并且，如果没有来自其他对话录相关理论的明晰教导，也可能不为我们这些读者所注意。

---

① 相反，书写必然带来创作和使用的分离：作者和读者原则上根本不互相往来。这一“异化”（Entfremdung）属于书写的本质并使得书写根本上无法满足对真正的讲辞技艺（λόγων τέχνη）的要求。

十九
暗示对柏拉图文本的意谓

现在我们手上已经有充足的例证来重新处理柏拉图那里的“暗示”(Andeutungen)这一问题[①]。此处要问的当然不是:是否存在读者必须伴随思考并且挖掘出的暗示或者提示——毫无疑问,它们在柏拉图那里存在。但是正如我们将看到的,诸如此类的暗示在其他作者那里照样
110 存在。为了找到柏拉图的哲学书写之特殊性,我们还要进一步追问,对他而言,以暗示的方式写作,其系统价值何在?

迄今为止我们尚没有找到明确的标志表明:柏拉图相信凭借精致地使用微妙的影射、间接的提醒和加密的暗示可能在书写作品中接近口头的哲学活动。这恐怕曾是弗里德里希·施莱尔马赫天真的信仰,并以此确立了他反内传主义的信念,即以为凭借“间接”表述的技艺,柏拉图在口传领域所保守的哲学根本部分已经变得无关紧要。然而,柏拉图的书写不断指示,自己需要“更有价值事物”的口头补充。认为书面的暗示可以起到这种口头补充的作用是一个现代的偏见,对此我们下文还不得不详加论述。首先凭借对种种暗示与影射之分析将展现出:在柏拉图那里它们完全没有能力与直接的表述相竞争,无论是口头

① 参本书第45—53页,第105页。(译按:原文作第104页,据作者手校本改。)

的直接表述，还是书面的直接表述。

（一）暗示最为简单的形式恐怕就是通过转引来提示观点。《斐德若》276e2—3中就展示了这种形式。在那里，柏拉图举了一个哲学家书写“游戏”的例子，即讲述关于正义及其类似主题的故事（μυθολογεῖν）。既然《政制》处理了正义与其他德性，既然有两处（376d, 501e）都自称是在讲述故事（μυθολογεῖν），那么就毫无疑问，柏拉图这里表明将其代表作视为书写哲学“游戏”的一次实践。但是否如此辨识出这一影射，并且得出正确的结论，即柏拉图在批评所有书写下的文字时也包含其 111
自身的创作，这一切就要依赖读者的洞察力了。

这样通过纯粹的暗示，书写批判的重要问题得到回答了吗？并没有。因为柏拉图是否也将其对话录置于书写批判名下的这一问题，根本是针对现代对话理论提出的。这一理论从反内传学说的前提出发，极力将对话录排除在书写批判之外。然而对柏拉图而言毫无疑问的是，他的批判指向“书写”（γραφή）本身。并且当批判意谓**所有**书写下的东西时，对于不想扭曲文本中清清楚楚表述的读者而言，它们包含对话录这一见地不仅仅以暗示的方式，而且也被直接表达。把握了这一点的读者就把握到了根本的东西——这样相对而言，上述对《政制》的那一颇不明晰的影射是否被确认，也就无关紧要了。

这一颇不引人注目的影射晚近——1961年首先通过威廉·路德[1]——才被发现，这是情有可原的。让人惊异的倒是，这一事实上清晰透彻的联系却被多数阐释者所忽略或者含糊其词地对待。这就展示出缘何柏拉图有权坚持：书写没有能力表述什么“清晰的确然的东西”，即使在对一个如此简单和“确定的”影射的判断上，评判主体仍享有极大的自由空间。为什么我们应该假设恰恰是柏拉图寄希望于影射

① Wilhelm Luther：《书写逻各斯的诸弱点》（Die Schwäche des geschriebenen Logos），载于*Gymnasium* 68，1961，第536页以下。

的明确性？书写批判已经清晰地展示出，他早就否认了这种天真有任何必要。

112 （二）《蒂迈欧》53d中指出“尚有更高的诸本原”（noch höchere archai），但在那里却未对之进行阐明。以此为契机，让我们回想一下《礼法》中处理万物之生成（γένεσις）的一段文字（参上文第92页注释1），文本如下：

> “那么事物之生成必须经历怎样的历程呢？显然，只有经历了如下过程才是可能的，即先有一个开端（ἀρχή），经历了生长，并以此到达发展的第二阶段（μετάβασιν），继续前行直到第三阶段，在此能够为拥有感知的存在所感知。通过这样的转变和过渡，一切产生了，只要维持于此，就拥有一现实的存在（Sein），相反当它过渡到另一特性上去，也就完全被毁灭了。”（《礼法》第十卷，894a1—8）[①]

没有人可以反驳，正如康拉德·盖瑟尔所表述的，这一段落“必然被视为谜一般的”[②]。如果人们将《礼法》的第十卷中这一段落的语境再仔细探究一番，这一判断依然成立。而就像盖瑟尔展现的，一旦引入未成文的本原学说作为证言，上文也就获得确然的清晰性了。随即便可看出，这段文字乃是对从第一维、第二维到第三维过渡的一个数学原理刻意模糊的复述。同时，柏拉图也利用这一原理作为范式来解读存在论上的事态（ontologische Sachverhalte）。[③]

---

① 据原引Rufener的德译译之。——译注

② Gaiser：《柏拉图的未成文学说》，第187页。

③ 同上，第173—189页，特别是第175页和第187—189页，也参其：《作为哲学作家的柏拉图》（*Platone come scrittore filosofico*），Napoli 1984，第148页以下。

那么现在人们可以在这里说，根本性的东西已经以暗示的方式传达了吗？非也。因为根本上说，如果不是读者已经**从某个地方**预先获 113
知了信息，那么在这里对他而言，则什么也没有“被传达”。如果没有盖瑟尔对其来源的考证，那么这段文字就始终悬疑不清，成为各种主观阐释技艺的玩物。再者，《礼法》的第十卷真正试图展现的乃是一个理性的世界灵魂在宇宙中进行统治。而对此而言，对生成（γένεσις）维度之阐释也尚不是根本的东西。与之相对，国家引导者的哲学教育内容属于不可提前说出之物（ἀπρόρρητα），对其提前进行传授并无意义。这一切读者不是通过模糊的暗示，而是通过作品结尾处直接的表述获知的（968e，参上文第87页）。

（三）在《欧绪德谟》中错乱的和看似矛盾重重的思想进程“背后”隐藏着种种哲学洞见（参第十八章），这一现象就已经指示出：如果不了解《美诺》、《斐多》、《政制》中对回忆学说和辩证法概念非加密性的表述，这一对话之“谜”也就根本无从解开。《欧绪德谟》中的谜并非指古风时期的文学类型：**爱诺斯**（ainos）[①]。后者魅力就在于，接收者能不依赖于外在的帮助，而从文本本身推导出作者的意谓。斯芬克斯之谜对俄狄浦斯而言必须在没有可利用的特殊前提的情况下来解答。如果俄狄浦斯是在某些特殊条件下完成了这个任务，那么恐怕他的整个“解谜者”声誉就无从谈起了。与之相对，每个人都知道一切，每个人过去始终就知道一切（《欧绪德谟》294a—e，294e—296d），这一“谜题”只有在特殊的柏拉图式的前提下才可得解。而如果没有这一前提，那么对于并无准备的读者而言，它就的确显得毫无意义。

这里特殊的和重要的东西在背景之中，柏拉图并没有依靠不定的

① 爱诺斯（αἶνος）这种文学体裁通常指向一个个体，并且通过谜题或暗示的方式期待对方直接的反应或态度的转变，它与αἴνιγμα在辞源上接近，其晦涩神秘类似于神谕。——译注

114 暗示，而是依靠对记叙中对话的打断这样的戏剧手法来表达。关于此我们将在下章处理（参第12页以下）。

（四）在处理《政制》61/12的空略段落之时，我们认为，在对话录中没有贯彻对灵魂的详尽考察，这一结论来自文本的一些提示（参本书第102页）。这样一来，此处的暗示就有将本质之物以加密的方式传达的功能吗？

虽然柏拉图没有说："灵魂'真实的本性'是单一的，因为灵魂在它的'净化形式'中与三'部分'中的最高部分，即理性部分同一。"然而如果人们斟酌一下，这个结果其实直接来自下面的提示，即灵魂的真实本性应该来自它的**爱智**，来自它与神圣物及永恒存在者的交往与近似（611e）。那么人们会自问，于此应该在什么意义上谈论"加密的"传达——既然这里涉及的更是对对话录早期种种结论的直接回顾（参上文第101页以下）。引人注目的是，对读者而言，将从前之所述与当前所述连接起来的简单任务，并没有引向知识必要的"清晰与确然"，毋宁说，始终不断挑起争端的正是柏拉图在这里意欲将不朽限制在理性之上[1]。

然而对评判这一段落极为关键的是，从《政制》本身出发，在611—612中敞开的问题仅能得到部分的回答，即灵魂的"真实本性"可与灵魂三部分之一相提并论。相反，真实灵魂本身的复合性（Mehrteiligkeit）
115 可能意谓什么，仅依据《政制》就无从猜测——只有附加《蒂迈欧》35a—36d中直接讲述的"诸灵魂之混合"（Seelenmischung），才能提供给我们一个拓展的灵魂存在论分析的认识。

概而言之，我们可以确信，虽然柏拉图使用诸种花样的影射、暗示

---

① 关于这里段落的问题和柏拉图研究对之的处理，参我的论文：《〈政制〉卷十中的不朽与灵魂三分》（Unsterblichkeit und Trichotomie der Seele im zehnten Buch der Politeia），载于*Phronesis* 21，1976，第31—58页。

和提示，但是他从没有让人们以为，他刻意让文学的暗示技艺成为哲学教导的中心角色。[1]

赫拉克利特的名言：德尔斐（Delphi）训谕中的神“既不明言，也不遮蔽，而是暗示”[2]，惟妙惟肖地描绘了神谕和谜语（αἶνος, αἴνιγμα）的表达方式。不过柏拉图早就远远越过了神谕和谜语这种古风时期的小文类。他可以偶然地使用它们，并且使用起来游刃有余，不过它们始终扮演着服务性的和补充性的角色。如果人们意欲理解他作为哲学作家的真正旨趣，那么人们就要首先思索和提问，为何他选择了散文体的戏剧这样新起的大文类，他以何种戏剧手段引导认识，什么对他而言是根本性的。对所有解读进行判断的准则便是并始终是书写批判。

但现代对话理论却违背了书写批判的精神，它将传授哲学的根本功能归于诸种书写的暗示——以这种方式，内传的本原学说因此就无
甚必要了。其谬误是双重的——首先他们遗忘了，在柏拉图那里书写 116
无从担保知识的“清晰与确然（恒久）”（《斐德若》275c6—7，277d7—8）。他们认为，必要的不确定的暗示能够越过这个扎根于书写本质的障碍——这建立在一个天真的乐观主义之上。不仅柏拉图自己从未分享过这样的乐观，柏拉图著作的接受史也完全驳斥了这种观念。第二，他们忽视了，在柏拉图那里，拣选“适宜的灵魂”乃哲学教导的前提——否则哲学家就将保持沉默，而以书写为媒介根本无从完成这一拣选。加密的暗示可以为任何一个拥有必要智性的读者所破解。对之的例证就是，在《会饮》中早已脱身哲学实事之外的阿卡比亚德斯（Alkibiades）宣称，为了成好成善，人们一定只需“开启”（öffnen）[3]苏格拉底之言（logoi）便能找到其所需要的一切（《会饮》221d—222a）。然

---

[1] 关于对话的“敞开”（《会饮》，221d—222a），参下文第128页以下。

[2] 赫拉克利特：DK 22B93。

[3] 更多关于阿卡比亚德斯的内容，参第126页以下。

而柏拉图对“适宜灵魂”的要求不仅仅是智性上的能力，而且也包括对哲学实事内在的亲和，这也包含其灵魂中主宰德性的全面发展（《政制》487a，也参《书简七》，34a）。

人们必然要惊异地问道，为何这巨大的裂痕——现代对暗示及“间接传达”教导功能的亲近迥异于与柏拉图对哲学上运用书写的看法——被长久地漠视呢？其原因恐怕仅仅在于，自从弗里德里希·施莱尔马赫以来，反内传式的一厢情愿操控了对柏拉图对话录的理性思索。施莱尔马赫确实相信，柏拉图的目标就是创造一种书写的使用方
117 式，其对知识传授发挥着与口头教导几乎相同的作用。他将《斐德若》划为早期作品，并且认为，这时柏拉图尚未指望达到这一目标，然而这一目标之后却得以实现，①以至于他“最终不再相信哲学上一个如此广阔的不可传达性”②。这样对施莱尔马赫而言，柏拉图引入书写批判的立场随后为自己所克服。在此之上，施莱尔马赫构建了自己的对话录理论，该理论今天仍颇有信力。但是人们现在知道，《斐德若》是较为晚期的作品，它不可能在公元前370年以前写就，这里包含着柏拉图深思熟虑过的对于哲学书写使用的最终见地。这样我们也就能告别建立在错误前提上的现代对话录理论，它试图让书写中的暗示与指引来承担只有口头的哲学活动所能承担的任务。③

---

① Schleiermacher：柏拉图译文的《导论》（Einleitung zur Platon-Übersetzung），Bd. I. i，Berlin 1804，第15页。

② 同上，见《〈斐德若〉导论》（Einleitung zum Phaidros），第52页。

③ 对施莱尔马赫方法上的缺陷和事实上的谬误的详尽批判，参《柏拉图与哲学的书写性》第331—375页，附录1：《对话形式的现代理论》（Die moderne Theorie der Dialogform）。

二十
柏拉图的戏剧技巧：一些范例

正如上文已经指出的，理解对话录不能以神谕（χπησμός）和谜语这样古风时期小文类的释义学为导向，而必须从后起发展的大文类戏剧出发。事实上，柏拉图掌握了发达戏剧理论的所有技法，并且，为了 118
呈现自身的哲学，他也熟知如何主动地运用它们。这里并不打算对柏拉图的戏剧技艺进行全面的描写——这需要一本与本书至少相同长度的著作。这里能提供的仅仅是几个范例，以此来形象地阐明一个古老的洞见：柏拉图对话的形式绝非表面文章，其对理解内涵也有着根本性的意义。尽管上几代不少解读者不断声明拥护这一洞察，但这大多数仅仅是口头空洞的许诺，一旦落实到实践，他们计划中宣称的内容与形式之统一性就并没有得到具体贯彻。这里，在书写批判的视域下对其文学技法重新进行细致的考察与解读，足以获得一些令人惊异的发现。①

---

① 我在《柏拉图与哲学的书写性》中的目标之一，即展示柏拉图书写使用的理论与对话录文学形态的一致性。关于下面的考察可参阅那里详尽的分析。

1. 贯穿始终的“情节”

普遍说来，我们很少考虑到这一事实，即柏拉图式的对话录根本上有一贯穿始终的“情节”。柏拉图提醒读者回顾这一情节的方法，就是动机的重复。

如上文第23页所述，《欧绪德谟》中贯穿始终的情节是揭示诡辩者欧绪德谟和狄奥尼索多斯乃非内传主义者（Nichtesoteriker）。这个词
119 对柏拉图来说就等于非哲学家。文本逐步展现，二者在身后没有保留什么“更高价值的东西”能帮助自己受困的逻各斯。推动情节向前并且使其环环相扣的动机一方面是“掩饰”，另一方面则是“游戏”与“严肃”的对立。苏格拉底的战略在于，将欧绪德谟和狄奥尼索多斯二人论辩中借此扬名的插科打诨理解为“游戏”，并且不断请求他们拿出尚隐藏在“游戏”背后的“严肃”来。当最终证明，除了廉价的诡辩，他们拿不出任何有价值的东西时，苏格拉底就嘲弄般地建议他们，将来最好始终韬光养晦保守知识。

解读者不会没看到，这篇对话中苏格拉底利用了理念论和回忆学说，也利用了柏拉图的辩证法概念[1]。然而，既然人们从前没有意识到可将苏格拉底预设的背景知识与贯穿始终的情节相系，这一事实在这篇对话语境中的意谓便未被理解。如果人们从情节出发，意识到苏格拉底刻意反讽般地掩饰了知识上的优越性，那么就会恍然大悟，正是苏格拉底自己才是能够保守“严肃”的有识者，尽管他本嬉笑着将这个称谓归给了那两个诡辩家。那么现在，这篇对话的情节应该表述为：真正的内传主义者苏格拉底，通过证实他们并不持有刻意保留的“严肃”，揭穿了两个江湖骗子。在颠倒现实的反讽中，他称二人为内传主义者。这样，他所辛辣讽刺的不是对知识的保留，而是对保留知识的无能为

① 参上文第105页以下。

力。从积极的层面上看，通过对《欧绪德谟》清晰可见的主导动机及始 120
终如一的情节的关注，这一对话录表达了：真正的哲学家必然是内传主义者。

《卡尔米德》中贯穿始终的情节在于青年卡尔米德的“转信”（Bekehrung）方式，就是说，在于他突然义无反顾地转向理想教师苏格拉底。与这个情节相系的动机关涉到“灵药”与在其使用前必须念出的“咒语”[①]。这篇对话的主题则是明智（Besonnenheit）这一美德。

简而言之，情节、主导动机和主题的关联如下：在对话的结尾，卡尔米德决意拜苏格拉底为师，这无疑是其灵魂中已经具有“明智”这一禀赋的标志。然而真正的抉择则握在苏格拉底手中——他特别指出，念不念“咒”权力在他（《卡尔米德》156bc）。他甚至可能直接使用这一“药物”——不过，这有违他来自色雷斯老师的警告：若无提前施咒，则绝不应该用药（《卡尔米德》156bc）。这样，苏格拉底作为师者，一方面需要明智这一德性——同时，一旦预备性的交谈（die epōdē）尚未使得学生达到足够的成熟，出于考虑到知识传播的客观适宜性，他便保守更深的哲学认识（他的灵药），这也证明了他拥有这一美德。引导主题、情节与动机的紧密编制再次显示了真正的哲学家必然有能力做到内传知识的保留。

第三，应该仔细分析一下《政制》中贯穿始终的情节[②]。它就是一些 121
朋友希望“强迫”苏格拉底讲授自己对正义、对最好的国家、对善、对作为通向善之理念道路的辩证法的认识。衔接着这一情节的动机不断改变着整个对话并且一开始就出现在作品中：人们希望“留住”苏格拉底，无论如何不让他“脱身”，但他认为可以平和地说服朋友让自己离

---

① 参上文第28与89页。

② 参上文简短的处理，第28页，也参《柏拉图与哲学的书写性》的“政制”一章，第271—326页。

开(《政制》327a—c)。开场的情景就清晰地展现出,其他人需要苏格拉底的智慧,而苏格拉底则摆明自己可能逃避谈话。不过他首先让步,这样朋友们成功达到了让他介绍重要事物的目的:从第二卷开始,他就准备“来帮助”正义(同时也即在第一卷中有利于正义的逻各斯)。他不仅仅是准备着,而且于此完全成竹在胸——在讨论中他确实引入“更有价值之物”,这远远超越第一卷的概念域,并且不断更为根本地设置问题。然而当阐释步步逼近诸本原时,苏格拉底向他人传道的兴致却在下降,直到他最终成功地说服他们让自己“脱身”,不要过早陈述关于善、关于辩证法的内容与道路:他确信,在这个领域格劳孔已经不再能尾随其后(533a),后者也对此欣然接受。

如是,《政制》的情节开始于一个象征化的较量。朋友们打趣般
122 地胁迫苏格拉底,让其违背意愿地参加谈话(327c)。而最终辩证家在较量中成为胜者。其他人必须承认,传授多少哲学知识的自由抉择在他手中。苏格拉底毫无疑义地表明,是否讲授自己的洞见依赖于谈话伙伴能否满足一定的条件。换句话说:他的方法乃是严格与接收者相系的,或者说,是以内传主义的方式与哲学认识打交道。谁理解了《政制》中的情节,谁也就理解了:关于善作为最高的本原,柏拉图可以说得比他这本成文的书籍更多。即便没有亚里士多德那些报告,我们也能从柏拉图的这部代表作中得知,柏拉图处存在着一个口头的本原理论。

2. 讲述对话的中断

柏拉图偶尔使用一种特殊的戏剧技法,即通过场景会话(Rahmendialog)打断正在讲述中的对话。从形式上看,《欧绪德谟》是苏格拉底向克里同报告关于前一天在吕克昂(Lykeion)与两个诡辩家的谈话。在这一报告的过程中我们获知,青年克莱尼亚谈到了辩证法

的技艺，正如政治学接过战术的战利品，即某个被占领的城市（290cd），辩证法从数学那里接过“战利品”[①]。在这个表述中暗含了数学与辩证法的一定关系，这一关系只有从《政制》（510c以下，531c以下）的科学理论中才可能得到理解。而在《欧绪德谟》内部，由于缺乏对此结论的必要准备，这一关系则形如绊脚石。

为了强调数学被置于辩证法之下这一认识的意义，柏拉图此刻中 123
断了讲述中的对话，而让克里同问：是否青年克莱尼亚真的说出这样聪慧的东西；如果真是如此，他简直不再进一步需要什么属人层次上的教育了（290e）。令我们吃惊的是，苏格拉底并不想担保的是克莱尼亚，还是克蒂希波（Ktesippos）表达了这一见地。然而当克里同对这一模棱两可并不买账时，苏格拉底又猜测说，这一认识还可能来自“某一更高的存在者”（einer von den Höheren；参见291a4）。我们不需要一直在此盲目猜测，未知的神到底利用了谁的声音。确定不疑的是，由此触及的是伴随着辩证法的“更高”领域，是“神圣的”哲学。柏拉图并不信任一个对其科学理论的简短影射，为了让读者明白在对话录的背后尚有一个未彰显的哲学财富——其与明确处理的东西之关系，正如神圣事物对人间事物的关系——他打断了讲述中的对话，以更为清晰的戏剧手法提示了这一点。

《斐多》讲述中的对话也被中断过，甚至是两次（正如我们在上文第78页以下所涉及的）。由此，读者们就被提示注意帮助逻各斯之含义，这种帮助哲学家一定有能力为之。与一般的意见不同，苏格拉底确实可以带来的帮助以典型的方式展现了，哲学家在此不能始终停留在辩护的逻各斯这一层次之上。这两次中断精确刻画了这一事实，并与从假设（Hypothesis）到假设的上升主题[②]相连，阐明了为何超越性的帮

① 参上文第108页。

② 参《斐多》107b以下。——译注

助必然是柏拉图对话录普遍的核心结构原则。

124 ## 3. 对话伙伴的变更

在不少对话录的交谈进程中，苏格拉底的第一个谈话伙伴离开对话，他的位置大多——尽管并不总是——为另一个志同道合的人所替代。人的转变常常标志着论证水平的转变，这通常与“对逻各斯的帮助”结合起来。

在《高尔吉亚》中，苏格拉底首先是向这个与对话录同名的伟大智者追问其技艺（τέχνη）的对象和鹄的。苏格拉底对他本人彬彬有礼，却以更困难的和更为根本性的问题逼促他的学生柏罗斯。当这一讨论显得难以推进之时，卡利克勒斯便作为政治修辞学的代表进入谈话。

谈话伙伴的顺序应该从书写批判的角度来阐述。辩证家有能力帮助其逻各斯，由此帮助逻各斯的持有者，并将这些传授给适宜的学生（《斐德若》276e—277a）。当高尔吉亚和他的两个追随者被询问，这意味着检验高尔吉亚是否为一个真的哲学教师。结果，这位大师和他的学生都没有能力从哲学上给他们的逻各斯带来帮助。对高尔吉亚立场的检验固然揭示出其较为深厚的学问根基，然而这并非有赖于“更有价值之物”。而卡利克勒斯最终带来的则是通过“强者的权力”对一切伦理的粗暴拒绝。就讨论始终引向更为根本的问题，并不断提升论辩戏
125 剧性的张力而言，《高尔吉亚》两次人物转换在此产生出一条上升之线。就相反立场的内容愈发黯淡并不断沉入深处而言，这一上升之线引人入胜地与另一相反方向的运动叠合在一起。

在《政制》的第一卷，就克法洛斯、波勒马克斯（Polemarchos）、特拉叙马霍斯这一顺序而言，柏拉图利用了同样的戏剧技艺，就像特拉叙马霍斯与卡利克勒斯这两个角色根本上显出是对同一内容进行戏剧化创造的两次尝试。在《政制》的情节中，谈话不是停留在对以负面形象

出现的对手的反驳上。当特拉叙马霍斯因将正义视为“强者之利益”而遭到驳斥，同时正义的本质（τί ἐστιν）尚未阐明之时，这里的交谈是可能终止的。而且事实上，就谈话伙伴特拉叙马霍斯而言，交谈确然结束了。

然而在第二卷的开端，两兄弟格劳孔与阿德曼托斯出来挑战。在他们的长篇辩护辞中（358b—362c, 362e—367e）更新了特拉叙马霍斯对正义的攻击。尽管如此，《政制》第二卷至第十卷中跟他们的谈话和跟特拉叙马霍斯的毫无共同之处。这一区别的根本在于谈话对象个性之差异：当特拉叙马霍斯从心底里攻击传统的正义概念时，格劳孔与阿德曼托斯为非正义做的论证仅仅希望激起一个彻底的反驳。二人从人格上确信正义的优先性，只是未掌握为正义辩护所必需的论证——他们更想从苏格拉底那里听到这些。

苏格拉底本来认为谈话已经完成了（357a），但为了格劳孔与阿德曼托斯两兄弟，便以完全不同的方式又进入交谈中。在谈话的困窘处（die Stelle des aporetischen Gesprächs）刻意搁置了研究对象之“所是” 126
（τί ἐστιν）（347e, 354b），仅仅明确拒绝了关于正义的错误观念。接着出现的建构型谈话出乎意料地丰富了立场与论证，并且最终在经过灵魂学说的曲径后完成了对正义的定义（443c—e）。这两个谈话——至关重要的是——同一天在同一个圈子内相继发生。对这一戏剧安排的清晰表述如下：柏拉图让我们认识到，在德性对话录的困境背后，在其所谓不能定义勇敢、虔敬、明智、正义这些德性的说法背后，事实上存在着《政制》中的灵魂学说、国家学说和德性学说的体系。他同时展示出对更高之物（τιμιλώτερα）成功阐述的前提，即追求获知它们的谈话伙伴同时携有与传授相宜的个性条件。然而对不适宜伙伴的排斥和守密没有任何关系：特拉叙马霍斯可以旁听继续进行的谈话，仅仅在于他不是谈话的接受者罢了。与他的对话僵持在哲学困窘的前厅，而苏格拉底则已经准备好对格劳孔与阿德曼托斯给出正义之所是。不过，哲学知识传播严格地以接受者为导向，或者说内传式的哲学讲授方式对他们而言也同样是有效的，正如我们上文中已经看到的（参上文第120页以下）：对于善之所是他们尚未做好准备，也因此无缘获知。

对谈话伙伴转换这一戏剧技法的运用，在《会饮》中与上述两种情况明显不同。与《高尔吉亚》中柏罗斯和卡利克勒斯、《政制》中格劳
127 孔与阿德曼托斯从开始就在场相对，当苏格拉底的蒂欧提玛讲辞到达颂美爱若斯的高潮时，阿卡比亚德斯才闯入会饮圈（《会饮》，212c）。尽管喝醉的他通过描画苏格拉底的性格带来了对话录的第二次高潮，不过在这期间主题却由爱若斯的本质移至苏格拉底人格中哲学爱若斯的实现。

阿卡比亚德斯的描绘完全打上了个人体验的痕迹。这就展现出：他是一个有着走向哲学之禀赋的人，并且正是因此他一度为苏格拉底所“追求”。但他善变的个性使他不可能亲近苏格拉底的哲学引导，并最终彻底远离了苏格拉底的影响。阿卡比亚德斯给出了一个哲学自传的断片，其中他表现为一个走向哲学的受命者，然而这一召唤最终未能开花结果。阿卡比亚德斯是一中途“夭折”的本被寄予厚望的青年哲学家。

在《会饮》的情节构架中，他的角色正与这一状况相应。他来得太晚了。这个人，他一开始就没有在场，他没有听到至美与至高的东西，没有听到蒂欧提玛对爱之本质的“秘授”（Initiation）。在实际的生活中，此人也误解了苏格拉底的“爱欲之术”（Erotik），将其误识为对性的关切（《会饮》217c—219d，特别是218c）。

当柏拉图偏偏设置阿卡比亚德斯，这个曾经被苏格拉底考验过并被认为过于轻薄的人来刻画苏格拉底之本质时，这就是微妙的戏剧反讽的一个例证。关于苏格拉底，无疑他说了很多正确的和重要的东西——这些都来自他对亲身经历的细致回忆。但是当他试图描述苏格
128 拉底的言辞时，就表现出他与苏格拉底的差距了。阿卡比亚德斯认为

这些言辞，因其与铁匠、鞋匠和皮匠的类似，首先显得可笑极了。人们必须将它们“开启”，以认识到所有这些言辞中含有理性并蕴积着德性最神圣的图景（《会饮》221d—222a）。

阿卡比亚德斯所言的苏格拉底之逻各斯所指向的谈话类型显而易见：它引向早期对话录中所描绘的偶然交谈。这些谈话不断地以技艺—类比（Techne-Analogie）的方式运作，并意欲从“手艺人”的（des Techniten）“知识”回溯到伦理行为的知识。在《会饮》阿迦通的演讲之后，其与苏格拉底的简短交流（199c—201c）也属于这种辩难—困窘型谈话（das elenktisch-aporetische Gespräch）类型。阿卡比亚德斯显得并不知道其他东西。但在《会饮》中苏格拉底与阿迦通辩难式的交谈仅仅是一个走向另一对话之正文的序曲，即苏格拉底与“蒂欧提玛”之间不断重复的哲学教学交流，借此，苏格拉底得到了关于爱若斯的一个积极的，但并非加密了的教导。迟到的阿卡比亚德斯对这种方式的谈话一无所知。所以他就强调鞋匠与皮匠的类比，强调“开启”这些言辞的必要性。苏格拉底在“爱欲的”情境下私下传给阿卡比亚德斯之言明确包含着蒂欧提玛讲辞中对美的级序之思的回响（《会饮》218d—219a）。阿卡比亚德斯自己在关键时刻显然不想“开启”苏格拉底之言，否则他也就不会进一步期望肌肤之爱（219bc），也就不会后来离弃了这位独一无二的“德性”（ἀρετή）教师。

这样，如果我们正确地将阿卡比亚德斯的迟到理解为柏拉图有意 129
识的与有力的戏剧创作抉择，我们就将在对话录的“开启”（即对隐晦暗示的解密）中发觉一个正确的并且重要的释义学原则。但是我们不要忽视，柏拉图明确将这种“开启”视为如下一些人的释义学：他们对建构性的哲学讲辞，对进一步上升引向本原的道路一无所知。阿卡比亚德斯不仅仅是我们了解柏拉图式“开启”的信息源，也是柏拉图的一个例证，以此说明：没有对关键哲学内涵的明确教导，这种“开启”同样不可能成功。

二十一
反　讽

也许柏拉图最为著名的创作手法就是反讽。他的反讽声调温和而明快，雅致而微妙，这不仅在不乏反讽要素的世界文学中独一无二，而且对有教养的读者也是让人心醉神迷的不尽源泉。

反讽运用的可能性是多种多样的：整个情节的进程可以由反讽来决定（比如《欧绪德谟》），一个人物形象可以在反讽的视界下得到展示（比如欧叙弗伦或者希庇阿），或者一个人物的出场可以通过戏剧的情境反讽地被限定（正如我们在《会饮》中看到的阿卡比亚德斯），或者仅仅通过一个本身并不含有反讽色彩的人物的具体反应（我们略微想一下阿德曼托斯对诸种限制的遗忘，尽管当时的交谈正是立于这些限制之下《政制》504a—c[①]）。

130 哪怕可在诸多层面运用反讽[②]，对柏拉图而言，它始终是一个效用有限的表达方式。至为关键的是，我们不能将柏拉图式的反讽和贯穿

① 比较本书第98页以下（译按：原文为第97页，据作者手校本改）和《柏拉图与哲学的书写性》第307页以下及注释99。

② 显然对我而言，这里并不试图对柏拉图式的反讽做一个完整的状态描述（甚至一个终结性的估定）。

一切的浪漫派式的反讽混淆起来，后者是一个特殊的近代现象。浪漫派式的反讽并不是指向某一特定的反对者，而是反对一切、反对任何，甚至也贯穿着反讽自身的立场。它的本质是自我反讽，这是第一要义。它的重要功能就是让所有、让一切都无法逃脱反讽而保留下来。对浪漫派来说，不允许有任何绝对存在，没有任何事物可以免除反讽的相对化。而显然在柏拉图那里恰恰相反，反讽在其称为永恒存在者的“神圣”域面前止步，在“神圣的”哲学——它是智性上（noetisch）把握永恒存在领域的奋求——面前止步。人们常常注意到，柏拉图谈论理念领域的态度显然有某种宗教的特性[①]。反讽对柏拉图而言仅仅是为读者们朝向这一态度预备的手段，因为他通过这一方式揭示了对手态度的错乱和可笑。

这样一来，反讽的意义对柏拉图文本而言无疑是重要的。但在此处我们必须要谨防错误，即以为反讽对柏拉图而言是一中心的，而不仅仅是一个辅助的教导工具。持这样看法的阐释者一方面看到，窘境式的德性对话录（Tugenddialoge）并不包含柏拉图本人也游移不定无从 131
解答的窘境；另一方面却并不接受，柏拉图放弃了“谜语”，这种谜语如果不回溯其他的信息——无论是口头的哲学，还是《政制》中的德性学说——就是无可解决的。这样他们就推断，反讽的陈述自身已足以澄清柏拉图看法究竟何在。无论这一想法多么诱人，在贯彻解释的过程中则不断显出，回答早期作品的开放问题需要的东西并不止于修正反讽勾画出的错误态度和判断。一个例子就足以证明这一点。在《小希庇阿》中“证明”了自愿作恶的人比被迫作恶的人更好这一命题。苏格拉底的对话伙伴希庇阿——这个被尖刻讥讽的角色——虽然反对此

① 明确的“反形而上学”指向的解释者也承认这点。参G. Vlastos：《柏拉图的研究》（*Platonic Studies*），Princeton 1973，第397页：“人们可以说，柏拉图觉得没有任何东西比得上对理念的崇敬吗？”

论断，却不能反驳苏格拉底刻意为之的错误证明思路。只要人们没有掌握苏格拉底式的命题“无人自愿犯错”，那么，仅仅以相反的论述取代一切通过对于希庇阿的反讽所揭示的东西，并没有什么用处。如果人们接受这一命题，《小希庇阿》中的两难则迎刃而解。而在这一对话录的任何地方，都不可能通过反讽的简单消融来获得这一命题。这就意味着，如果读者希望在阅读中有所收获，必须已经带着这一命题来阅读，否则在这篇对话中他可能一无所得。与之相反，我们现今那些反讽式的解读者，他们一开始就通过自己的文化传统以必要的知识武装起来；也仅仅因为这样，他们才可能幻想，这些知识是“无前提地”取自对话录[①]。

132 人们不应该弄错，反讽对柏拉图是一意义和功能皆有限的手段。它在中期的重要作品中已经急剧减少，在其代表作《政制》中仅仅于边缘处偶现，而在像《蒂迈欧》、《礼法》这样的作品中，反讽则几乎就没有出现。单单这一事实似乎就应该警示对反讽概念浪漫派式的高估。

① 参《柏拉图与哲学的书写性》，第87页以下，相应我也指出仅仅以反讽的运作方式来解读其他早期著作的不适宜性。亦参Erler：《柏拉图对话录中的窘境之意义》（*Der Sinn der Aporien in den Dialogen Platons*），Berlin/New York 1987。

二十二
神　话

柏拉图对“神话”（Mythos）讲述方式的使用不止在一个方面可以与其对反讽的使用相提并论：他的神话与反讽齐名；它们对于敏感的读者而言同样是不断生发的文学享受之源泉；它们在形式上与功能上也是多样的；再者，它们同样常常被高估了。

一方面，柏拉图明确将神话置于逻各斯的对立面。另一方面，不该为人误解的是，他在个别情况下故意不顾神话与逻各斯语义上对立的清晰性而模糊了两者的界限。我们从一个异己来源的神话陈述中已经看到这点：普罗塔戈拉在同名对话录中让听众们选择，他将以神话的形式阐述自己的立场呢，还是以逻各斯的形式（《普罗塔戈拉》320c）。大家让他自己选择，他便以“更为优雅”的神话形式开始了陈述。在一番长篇大论之后，他解释道，他此时不再想提供神话，而是希望提供逻各斯（324d6）——
而此时，专心的读者已经注意到，神话在没有明显标记的情况下，显然早 133
就（即323a5，或者更好地说，322d5）过渡到了逻各斯。

这与柏拉图自己创作的神话并无不同。忒伍特发明书写的故事（《斐德若》274c—275b）拥有一个“神话”的所有特征：它发生在远古时代，参与者是诸神，它们以讲述的方式被引入；故事的对象是一个原始的神圣“发明”，这是说某一事物的本质特征被永恒地确定下来。然而，在苏格拉底几乎还没有结束故事的时候，斐德若就指责他编造了这个埃及的**逻各斯**（Logos），这样，斐德若就为自己去掉了故事的神话因素（das Mythenhafte），看到了其中清晰的消息，即在神话中把握到了逻各斯——随后，苏格拉底通过单方面强调一切仅仅取决于是否说中事实真相（275bc），暗中赞成了这一做法。

在同一对话中还包含着苏格拉底长篇的爱若斯讲辞，其核心——神圣与属人的灵魂马车驶向超越天际之地的故事（246a 以下）——明显是一个充满神话色彩的讲述。这一讲辞自诩证明（ἀπόδειξις）了，为了爱者与被爱者的至福，诸神赠予他们爱若斯——不过，这一证明对自作聪明者而言是不可信的，而对于聪慧者则是可信的（245c1—2）。这一对随后不同的评价和接受的提示应该不难解释：柏拉图一方面考虑到那些仅仅看到讲述的神话层面从而也就拒绝相信的读者们，另一方面渴望另一些读
134 者，他们理解神话未被证明的方面不仅亟需证明，而且有能力——柏拉图确实自己也有所指示[①]——将目光转向逻各斯，由此在神话之中接受他的消息。此外，这一论题的“证明”以灵魂不朽的证明为开端（245c5—246a2），这根本不是神话式的讲述，而是以严格概念的方式进行。

由三部分组成的灵魂马车的神话形象，其合法性出自《政制》第四卷中的论证，这在前文已经提及了（参第 95 页）。从《斐德若》中的神话看，《政制》恐怕不得不标识为逻各斯，但我们却看到（参上文第 10 页），柏拉图正是在这部代表作中引用了这样的词句，“由此他（即哲学家）讲了关于公正的故事”（δικαιοσύνης πέρι μυθολογοῦντα，《斐德若》276e3）[②]。当然，《政制》作为乌托邦的筹划——尽管这一筹划也期待其实现——有着强烈的神话特性：许多东西都托付给创造者创造性的幻想，而这在当下的经验的基础上是无从检验的；最为重要的是，这部代表作的“神话”特性主要在

① 《斐德若》246a。关于这部分比较上文第 94 页以下。

② μυθολογοῦντα 里面包含神话一词的词根（Mythos），为其动词的分词形式，意为讲述故事、讲述神话。——译注

于，其关键点尽管在原则上是可以论证的，却事实上没有被论证。[①]

在这个意义上，《蒂迈欧》中的整个自然哲学的筹划也被标识为“可能的神话”（29d，68d，69b），因为在这里，对象的存在论地位（der ontologische 135
Status）排除了其完全的可论证性或者排除了论证的完全确定性。

《蒂迈欧》中的自然哲学处理的是当时极为困难的新概念，而与此形成鲜明对照的是彼岸神话，它以传统宗教故事的形式描写了义人与不义之人的命运。柏拉图在《高尔吉亚》中让苏格拉底引入神话时说，尽管卡利克勒斯将其言视为神话，他自己却视为逻各斯，因为它是真的（《高尔吉亚》523a）。这里，甚至柏拉图也以神话与逻各斯的对立来游戏。当他坚持讲述的真理性之时，我们显然一定不能以为，这一真理是指在克洛诺斯[②]时代和宙斯统治的开端，对一个人生命的审判是在他此岸生活的最后一天，即由仍在此岸生活的人作为法官（523b—524a）来宣判。对柏拉图而言，无从动摇的始终是不朽信仰的真实，并坚信我们未来彼岸的命运与我们此生中的伦理行为紧密相关。既然卡利克勒斯对灵魂的内在结构一无所知（参第96页以下），那么顺理成章地，他就不知晓从灵魂结构中可推衍出哲学意义上的公正概念，正如苏格拉底在526e3—4中所称引。这样，他就不能把握神话中的逻各斯，于是他将它指责为一个“纯粹的”神话。苏格拉底将彼岸神话界定为逻各斯，卡

① 《政治家》304c10—d2中谈到一种讲辞技艺，其“以知识”（即采取合宜的技艺）通过故事讲述（διὰ μυθολογίας，译按：即神话讲述），而不是通过教导（ἀλλὰ μὴ διὰ διδαχῆς）使众人信服。人们可能从中推论，对柏拉图而言所有的语言影响，如果它不通过教导［即通过亲自的教导：书写始终“未有教导”（ἄνευ διδαχῆς），《斐德若》275a7］发挥效用，便落入神话学（mythologia）这一概念下。然而始终可以质疑，这是否可以运用于对话录之上：因为虽然对话录传至多人手中——没有作家能回避这点——但是并非通过多数（πλῆτος）的赞同来使众人信服。

② 克洛诺斯（Kronos），希腊神话中天父乌拉诺斯（Uranos）与地母该亚（Gaia）之子，经过父子相残夺得统治地位，开创了所谓的“黄金时代”，后为其子宙斯以同样的方式夺去了统治权。——译注

利克勒斯反之界定为神话，正如刚才所言（比较第13页）[①]，这一不同的评价与《斐德若》中的爱若斯讲辞中所期待的双重评定完全相应。

于是，柏拉图那里的神话是被置于逻各斯之下，还是神话传达了一
136 个逻各斯达不到的更好真理，这一已经被多次处理的问题，应该在上述背景下重新考察。

后一个假设，即神话包含一个更高的真理内涵，其源自对现代非理性哲学潮流的接受，而无从得到柏拉图沉思的支持。另一方面，如果人们将"神话低于逻各斯"理解为神话是一种可有可无的修饰，理解为神话是从另一角度对已得洞见的一种单纯形象性的转换，那么从这一重意义上理解神话低于逻各斯同样不能接受。如果这是柏拉图对于神话作用的看法，那么他恐怕就很难在自己的作品中给予神话那样广阔的空间。而哲学家最终的目标无疑是在论辩的逻各斯中达到对事实（Wirklichkeit）辩证式的通达（Durchdringung）。不过，他不能放弃神话在心智教育上的力量；此外，图像与故事有能力整体性地和直觉式地展现事态，这对概念分析而言是不可或缺的补充。因此显而易见的是，神话乃是通达事实的第二种方式，它虽然内容上不得不依赖于逻各斯，但
137 相对于逻各斯，作为一种补充，也是其他任何东西无从替代的。[②]

---

① 柏拉图心中有底，同一文本将被不同的听众和读者以不同的方式接受。这显然不是说，他生活在这样的信仰中，即通过掌握某种文学的技术，可以确然地引导这种不同的接受。关于这一问题域参看第九、十、十一和十九章。

② 关于神话与逻各斯的同样重要性，参Gaiser极为稳健的论述：《作为哲学作家的柏拉图》第125—152页，特别是第134—136页。关于其相对于逻各斯的低级序，参看这一观点的代表G. Müller：《柏拉图对话录的诸神话》（Die Mythen der platonischen Dialoge），载于*Nachrichten der Giessener Hochschulgesellschaft* 32，1963，第77—92页，也可参其《柏拉图研究》（*Platonische Studien*），Heidelberg 1986，第110—125页。G. Cerri就这一主题的新论文富含敏锐的见地：《柏拉图的交际社会学家们》（*Platone sociologo della communicazione*），Milano 1991，第17—74页"神话与诗"（Mito e Poesia）。

二十三
独白与虚构对象的对话

神话在延续的讲辞中被讲述。它们最为明晰地证明了，对话引导者可以离开谈话并且可以使用长篇讲辞（makros logos）。两个最长的，同时也是在哲学上极为重要的神话独白——蒂迈欧的报告和苏格拉底在《斐德若》中的长篇爱若斯讲辞——根本包含着传统上无从归于“神话”的内容。这样，对话引导者在神话的名义下放弃了对话性的交流，过渡到独白性的教导之中。

另一种离开对话的方式是对话中的对话。我此处想到的不是比如在《斐多》和《欧绪德谟》中使用的场景会话的文学技艺，而是由于谈话引导者引入假想的人物——无论其作为可能的想象，还是作为对某个所谓已经发生的对话的报告——从而暂时中断了正在进行的谈话。虽然这看起来是形式上的，似乎仅仅是引入了另一个谈话伙伴，正如这一情景在柏拉图的对话中不断重演。然而既然这个新“人”不同于谈话中在场的人们，即此人并没有自身的个体性，仅仅代表着一定的立场或者一定的心智（Mentalität），那么很容易辨识出他来自对话引导者的创造。对话引导者利用这种手段保持了对话的形式，实际上暂停了本 138
来正在进行的对话，以此给出他自己所希望的方向。

尽管柏拉图多次使用这一文学技巧，尽管其对于理解对话形式的意义也相当重要，但它却还从没有被描述过。蒂欧提玛是最为著名的假想伙伴代表。当然在曼提尼亚曾有一个女预言者可能就叫这个名字（一些考古学家甚至将一个公元前四世纪的大理石头像标为蒂欧提玛的形象），然而苏格拉底与蒂欧提玛的对话显而易见是其本来与真实谈话伙伴阿迦通交谈的继续（参《会饮》201e）。这样，通过苏格拉底引入这个角色替代阿迦通当时的位置，谈话就可以向高处提升，而与阿迦通合作，这种升华就恐怕难以圆满实现。苏格拉底对爱若斯所做的赞辞从形式上说虽然是对话式的（当然仅仅到208b为止，从此之后蒂欧提玛开始独白），但事实上则是独白的，正如其他参与者同样依次所做的。

也可以通过一个匿名的第三者来指示重要的立场和结论：比如《礼法》的第十卷中，“雅典人”预言了未来无神论者们的回答和反应，以此在当下以哲学巩固渎神法（893a以下），或者在《普罗塔戈拉》中，一个匿名的代表接受了苏格拉底关于大众享乐主义之真正含义的启蒙（《普罗塔戈拉》353a以下）。而最为显著的是，《大希庇阿》构想了一个戴着辩证家面具的匿名第三者，他甚至住在苏格拉底家，在“回家的”途中（《大希庇阿》304d4），为苏格拉底处理问题指出了更为适宜的道路，胜过希庇阿可能给予的。在《斐多》中苏格拉底通过一个长篇的“引述”（66b3—67b2）最后告诉我们，真正从事哲学的人们相互之间
139 （πρὸς ἀλλήλους）关于真理的追求，以及对身体和灵魂的关系可能说出的东西。

对话录中虚构对话，这一文学技法的哲学意义看来是双重的。辩证家从自身洞见的宝藏中带来的东西，在没有真实对话伙伴参与的情况下，以对话的形式来表述，这样一个事实意味着，思想作为灵魂的自我交谈在根本的意义上是对话式的：如果思想希望要求交互主体上的有效性，必须能够经受得住对手的批评并且坚守自身；这里柏拉图也指示出，辩证家“于家中”的孤独沉思所得来的结论，同时也可作为共同检验的结论。第二，我们从中也能获悉，柏拉图式的辩证家，尽管他

也可以满足思想先验上就要求交互主体（对话）的可检验性这一要求，但事实上他从没有被局限在一定的对象和一定的场景之上，并以此来获得某一确然结论。毋宁说，他将已经完成的关键洞察带入谈话；如果他愿意，也可以通过将关键性的洞察作为从前和假想伙伴对话一致达成的成果而给出，这样它们也可能在没有真实伙伴的情况下被揭示。不过，他也可以在自认为正确的情况下，于此保持沉默（参《斐德若》276a6—7）。

二十四
对话录的诸特征：它们究竟意谓着什么？

我们现在已经汇集了充分的考察，以此可以回到我们对柏拉图对
140 话录本质特征的列举并追问这些特征原本的含义。《斐德若》中的书写批判预备了解释柏拉图对话形式的诸种引导性观点。只有这一**柏拉图式的**主导理念可以保证我们不要在柏拉图自己的意向面前屈从于现代思想的种种习惯和偏见。

那么我们现在就以相反的顺序考察上文第六章所罗列的特征。

（7）应该从这一根本性的洞察出发，即没有任何书写，由此也包括柏拉图的对话录，有能力在受到攻击之时为自己提供必要的帮助。与之相反，辩证家或者**哲学家**恰恰以口头帮助其书写的能力而出类拔萃，由此他将带来“更有价值的事物”并以之表明书写（相对）价值较低。如果柏拉图的对话录是一个**哲学家**的书写作品——这一前提恐怕不会受到怀疑——那么在它背后一定有哲学上**更有价值的事物**作为基础。尽管它原则上也是可能以书写方式传达的，但是作者刻意地将其排斥在书写之外。这样，对话录背后口传哲学的存在首先是书写批判指向柏拉图自身书写的必然**推论**。其次，空略段落也以醒目的方式直接证明了对话录背后口传哲学的存在。在书写批判的视域下，空略段落传达的信息极为清晰，柏拉图利用这一手法说的无非是：“这一书写是哲学家的**书写**。

他在这里展示，他还可以利用洞见和理论进行口头上更为精确的论证。与之相比，书写所展示的就显得相对不那么至关重要。”

（6）被陈述的基本场景总是帮助场景。它是一个测试某人是否是**哲学家**的方法。无论何处一个给出的命题受到攻击：其所有者都必须展示出，他能够凭借更深层次的论证而为之辩护。论证水平质的提升 141
是对话录结构的显著特征之一，而一直仅有一种角色有这种能力，即柏拉图式的辩证家始终如一的原型。通过“哲学家测试”，这不单单是一个智力的问题（否则普罗塔戈拉与高尔吉亚一定可以帮助其逻各斯），而是与理念知识及对柏拉图辩证法的亲熟相系。

（5）现在就可以理解为什么辩证家始终显得不可战胜，为什么他的重要地位没有由于微小的失败或者偶然的失误而下降到谈话伙伴的层次上。辩证家在**更有价值事物**的背景下考验他人；他是那达到了理念认识的“有识者”（der εἰδώς，《斐德若》276a，278c）。其他人则相反，由于缺乏理念哲学，他们根本上乃是“学习者”（μανθάνοντες，参《斐德若》，276a5）。对话录不断展示了同一境况：辩证家对适宜灵魂的寻找（参《斐德若》276e6）。

尽管辩证家的不可战胜性惹恼了许多对话录的读者，但这不仅可以在实际交谈的进程中看到，而且也被直接表达出来：阿卡比亚德斯说道，苏格拉底在谈话中战胜**所有人**，并且**永远**如此（《会饮》214e3—4）。苏格拉底在《政制》中说道，为了善的知识，辩证家一定会安然无恙地克服所有反驳的尝试（534c1—3）。我们在这里也看到，柏拉图关于哲学家的理论形象与对话录中辩证家的文学描绘完全吻合。

（4）辩证家原则上的卓越性也导致他始终仅仅与一个伙伴交谈[1]。

---

① 虽然也可能出现由两个角色代表某一立场的情况：格劳孔和阿德曼托斯在《政制》中共同要求苏格拉底为正义辩护，希米阿斯和克布在《斐多》中同样是灵魂不朽的怀疑者，克莱尼亚和梅格罗斯共同代表着多立克文化，其国家的井然秩序（εὐνομία）正是《礼法》中的“雅典人”希望模仿与超越的。不过这样的孪生形象没有构造两个彼此独立的立场，并且辩证家的论证多数在某一时间仅仅指向两人之一，很少同时指向两人。

142 谈话引导者掌握着控制权，以便和伙伴集中于一个主题。同时并以同
等力度关注较多立场恐怕会仅仅导致偏离以下的根本差异，即已将“灵
魂转向”（《政制》521c6，参518c8—d4）理念哲学之人和尚立门前而不
得其入者之间的差异。对每一谈话伙伴而言，他与辩证家在哲学上的
距离必须一步步不断被明晰，这不是为了摧毁他的信心，而是为他准备
好可能的上升。其他与理念哲学相异立场之间的论辩不会带来什么助
益，所以在任何谈话期间，辩证家都从没有撤身而出，将谈论半途丢给
他人（在《普罗塔戈拉》347ab中希庇阿试图将自己的讲辞作为第三种
立场插入到普罗塔戈拉与苏格拉底的讨论中，但是却被拒绝；这鲜明地
展示出，柏拉图不是偶然地，而是有意地拒绝了这一可能性）。

如果辩证家出现在一个由他人起头的讨论中，比如苏格拉底在《克
143 拉底鲁》中，正是他（而不是他的对手们）试图将双方的见解相互联系
起来，以便最终以自己的立场考量二者。这就不是用错误来衡量错误，
而是“真正的哲学”作为其他所有偏差意见的准则。既然不是所有人
都能隐约忆起灵魂在尚未进入身体前之所观，并且仅仅理念哲学家才
占有一个清晰的回忆，那么所有人都会渴望，哪怕是无意地，追寻辩证
家的知识。所以，最终是谈话伙伴需要与辩证家对话，而非相反。对
话录的情节一再展示出这点，尽管是以不同的清晰度。我们应该稍微
联想到《拉贺斯》和《卡尔米德》，其中正在寻找合适的教师；或者想
到《会饮》，其中苏格拉底从追求着的爱者变成了被追求的被爱者；而
首要的代表作《政制》中，情节一直围绕着其他人希望辩证家“不要离
去”[①]，因为没有他的洞察，那些激动他们的问题也就无从继续前行。从
辩证家这边来说，他从来也没有被指定与某个确定的伙伴谈话，他也明
确表现出：他可以中断谈话并且在一个想象的“伙伴”帮助下引向他意
欲之地。

---

① 参上文第121页。

（3）这样，对话录拥有一个行使主权的对话**引导者**。虽然柏拉图精湛的叙事技艺常常唤起这样的印象，仿佛苏格拉底面对谈话伙伴论及的各种观点，以翩翩君子之仪而甘拜下风。不过，这显然仅仅是出于人情练达而为对方保全颜面；更为细密的考察会不断显明，辩证家对谈话胸有成竹。在《普罗塔戈拉》中，他强迫著名的智者接受短问短答的方式（在方法论辩中，334c—338e）；在《政制》中，他自己确定了朋友们督 144
促和“强迫”自己的程度。最终对于谈话的“统治权”（Herrschaft）问题也被公示：当苏格拉底指责美诺的“统治”时，这一确然的反讽已经给予了清晰的指示，这一特权仅仅可能归于他自己[①]。

在柏拉图那里不存在一个势均力敌的对话。唯一一次他让智性水平旗鼓相当的人们相聚乃是《蒂迈欧》[②]，这时他避免使用对话：蒂迈欧在苏格拉底、克里底亚（Kritias）和赫默根尼（Hermogenes）面前做了一个长篇独白。对柏拉图这样的文学天才而言，描绘多个完美辩证家之间的对话原则上一定是最值得去完成的任务。但对于那些解读者而言，他们假设柏拉图希望将其思想完完全全托付给书写并且为此创造了作为独立的书写形式的对话录，如果事实如此，上述对话类型之缺乏就成了不解之谜。然而当我们将书写批判取出作为标准，这一谜题就迎刃而解：多个精神境界相当的辩证家的对话必然上升至本原的领域，而这一领域是哲学家刻意保留给**口头**帮助的。在某一意义上，如果蒂迈欧由于苏格拉底的一个批判来帮助其“神话”，那么他必须公开那些他本小心地排除出他话语的“更高本原”（53d），或者它必须甚至揭

① 《美诺》86de（参《柏拉图与哲学的书写性》，第185页以下），《欧绪德谟》287d6与之相似（两次使用ἄρχειν，即“统治”之意），也参《普罗塔戈拉》351e8—11，353b4（ἡγεμονεῖν，即“行使引导权”之意）。

② 在《巴门尼德》中，青年苏格拉底与年老的爱利亚哲学家相遇：对年龄引人注目的强调（《巴门尼德》，127bc）就必须使得人们看到这一对话乃是不平等之对话。

145 示创世者的本质，然而根据《蒂迈欧》28c，这“根本”是不可用书写的方式传达的。于是这样，《蒂迈欧》就是唯一一个没有对话引导者的对话：**这些**听众不需要任何“引导”。但这也是唯一一个没有讨论的对话：这些对话参与者的辩证交流恐怕不再是为“所有人”而设了。

（2）如果我们现在将对话录《蒂迈欧》作为例外和其他作品进行一下比较，引人注目的还包括，它缺乏对话录普遍具有的关于会面时间和参与者个体性格的生动描绘。这不可能是一个偶然：在《斐多》中苏格拉底明确说道，人们应该关注的不是人，而是真理（91c）。这种能力当然只能通过长期的练习才能获得，《斐多》的演进充分展示出在场的听众没有能力达到这点。而蒂迈欧演讲的听众则显然在另一层面上，柏拉图几乎没有表彰他们的个体性，并且他就此所传诉的东西也并不影响蒂迈欧的整个解释进程。

这样，漠视个体性是“学习者”的任务之一，而非辩证家的任务：后者寻找适宜的伙伴时，不可能不顾及那以各种方式有碍进入哲学活动的个体条件和特性。一个以哲学为根基的“修辞学”为每一灵魂提供适宜的“讲辞”（《斐德若》，277bc）。对话录形象地展现了辩证家的这一能力。

登台亮相的各种角色就是“各色”之灵魂（参《斐德若》277c2），即摇摆不定、哲学上尚未充分净化的灵魂。当辩证家分别为其寻找适宜的言辞时，就意味着他本人并不在这个领域内运动。他的目标是纯粹
146 概念知识的领域（参《政制》511bc），引向本原并从本原回返到理念的多元。

对话录中对一次性和个体性的强调不仅提醒我们：我们从个体上作为拥有这样或者那样缺陷与局限性的角色，应该听命于“真正的哲学”，而且真理探寻乃是非人格性的（entpersönlicht），并纯粹地引向ὄντα（事实），为此，哲学将帮助克服“纯粹个体性的东西”（Nur-Individuelle）；第三，在书写作品中，柏拉图所意欲之陈述止于**这一**阶段，

它位于严格的辩证知识探索**之前**，而后者必然始终保留在口头哲学活动中。

（1）柏拉图创造了**谈话**，这既不意味着只有在与他人的交流中才可赢得哲学的洞察——辩证家可以与假想的角色交谈，即与他自己交谈，这样常常可比与实际对手交流行得更远[①]——这也不意味着对话录是传授哲学结论与洞察的唯一合法方式——蒂迈欧同样可以使用一系列不断推进的论证。决定性的不是作为生活形式的“在—对话中—存在”（Im-Dialog-Sein）[②]，因为正是《书简七》说道，在对话录中不能记叙长时间维持的哲学共同体存在，不能记叙这一共同生活（συνουσία, συζῆν 341c6，7）。与仅仅强调对话过程如何如何的现代见解相反，柏拉图陈述的乃是对话中已经达成的**一致**（Homologie）。辩证家对对象的“真理”胸有成竹，这一过人角色的在场显出了共同努力达成一致的重要 147
性。哪怕最后的论证尚付诸阙如，这仍然是人们在“苏格拉底”、在“爱利亚客人”或“雅典人”的引导下，而不是在面对真理毫无责任、朝三暮四者闲言的引导下，取得的一致。柏拉图所构造的乃是**可负责的**一致性。辩证家与其伙伴所达成的结论是理性的人们**恐怕应该**能够赞同的结论。柏拉图根本不是隐藏在他的角色们的看法与表述背后，并因此保持着“匿名”；毋宁说，他是对读者**应**遵循的**正确**一致性不知疲倦的叙述人。通过情节之发展与同感之引发（Sympathielenkung），这样的方法能够以最佳的清晰度显出正确事物之所是（das Richtigeals Richtige），就像在《斐多》与《高尔吉亚》中那样。在这里还谈什么“间接表达”，从形式上看也许尚有几分道理，但从内容上说则极大程度上是误导人

---

① 思想根本的对话性自然始终在于其作为灵魂与自身的对话（参上文第33页和第137页）。

② 这里“在—对话中—存在”（Im-Dialog-Sein）显然是影射海德格尔“在—世—存在”（In-der-Welt-Sein）。——译注

的。柏拉图利用戏剧这一文类的诸可能性并不是为最大可能的模糊性服务[1]，而是原则上引导读者通过模糊的个别步骤达到最终清晰的表述[2]并且达到同样清晰的确认：进一步的论证和回溯至“更高本原”尽
148 管付诸阙如，但确实是必要和可能的。

① 顺带值得注意的是，即使窘境对话录也绝不是纠缠在模糊不清之中，而是其在对歧途与错误的拒绝中可能异常清晰。

② 参黑格尔：《哲学史讲演录》（*Vorlesung über die Geschichte der Philosophie*），理论版（Theorie-Werkausgabe）第19卷，Frankfurt a. M. 1971，第22页：“从他（即柏拉图）的对话录看，他的哲学完全是清晰的。[……]诸观点之间出现的差异被研究；其给出了作为真的结论。”

二十五 对话形式如何并且为何被误解

只要回顾一下柏拉图对话录的现代理论（参第42—48页，特别是第43页），它将柏拉图保留给口头哲学活动的任务归于成文的对话录，我们此刻就可以说：这一理论由于得不到柏拉图本人文本的支持（参第44页），不仅是非柏拉图式的，而且因为它违背了书写批判的精神与本文，并且面对柏拉图不断和明确地指示口头的本原理论之时，故意装聋作哑，也因此是反柏拉图式的。

现代的对话录理论与柏拉图自己的书写批判相对，致力于为书写平反昭雪，并最终在哲学家传授"更有价值事物"的关键问题上，将书写提到与口传相同的高度。由此，仅仅通过一系列的隐喻就为成文的对话录恢复了名誉。当柏拉图说到辩证家选择"适宜的灵魂"（λαβὼν ψυχὴν προσήκουσαν，《斐德若》276e6）进入哲学时，这和说对话录自己"寻找"它的读者绝非相同：因为前者意味着一个主动的选择，而相反对话录文本那里的"寻找"则意味着，某些读者对其漠然置之，某些则不。但是这并没有构成对话录的特殊性（这对交易所市场报告也适用）。或者当不适宜的人仍然阅读对话录时，它就凭借深层次的"隐藏"来"沉默"——这不过是一个浅显事实的单纯隐喻，即不是每个读者都能把握到所有意义关涉。与之相应，对话录的"回答"和其所谓能自身带来的"帮助"也仅仅是读者的理解力会随着时间增进的隐喻。但这在其他书写使用的形式那里并没有什么不同。

149 柏拉图以伙伴的选择、以可能的中止与沉默、以"帮助"意指的不是在接受中与哲学家之逻各斯被动相遇的那些东西，而是辩证家以之主动规定谈话的种种行为方式。因此这就排除了以隐喻的方式对成文对话录的转释。书写批判之目标指向本原之物，就此而言，试图为某种书写方式——比如独特的对话录——正名，对柏拉图来说都不是有意义的想法。他将映入眼帘的所有一般性的书写与口头哲学活动相对，而不是将其与所谓占有特殊地位的对话录作品相对。对柏拉图而言不存在这样一种特殊地位：既然文本已经一次性地确定下来并"始终仅仅说着同一样东西"（《斐德若》275d9），那么就**没有**书本能够以新的回答等待着新的问题。

归于对话录的特殊地位不仅缺乏**柏拉图**对哲学上使用文字之反思的支持，而且此外，**从实事出发来看**也颇成问题。偏偏是对话录——根据现代理论——应该排除在书写批判的评决之外。但是如果人们一旦允许隐喻般的理解，那么就很快地展现出还有许多的书写记述形式"自己选择它们的读者"，因为它们对不适合的人"保持沉默"，对提问给出"不总是同一的回答"。谁意欲否认荷尔德林的抒情诗、陀斯妥耶夫斯基和恩伯托·艾柯的小说、隆戈斯[①]的田园小说（Hirtenroman）、欧里庇德斯的戏剧或者希罗多德意蕴深刻的历史著作拥有这种（隐喻）

150 力呢？[②]这里还应该提及泰奥格尼斯和品达，正是他们明确表示，其诗

---

① 隆戈斯（Longos），希腊作家，约公元二至三世纪人，生平不详，甚至其名之可靠性也饱受怀疑。其田园爱情小说《达夫尼斯与夏洛艾》（*Daphnis und Chloe*），朴素纯美，是希腊化时期散文艺术的代表，影响深远。——译注

② 文学的解释者当然完全有权罗列一系列的作家，将他们归于那些近代以来本是用以解释柏拉图对话录的概念之下。一些证明我收集在《柏拉图与哲学的书写性》第359页，注40（本书的意大利文本尚有补充，参*Platone e la scrittura della filosofia*, Milano 1992第三版，第448页，注40）。

行中含有专为有资格之人预备的正确消息[①]。如果隐喻式的转义是合法的，那么所有这些创作了如此“主动的”书写作品的作者就都忽然成了哲学家。既然例外比规则还多，那么整个书写批判也就失去了意义。

毫无疑问，柏拉图也渴望“正确”的读者——但是其他并不值得享有哲学家之名的诗人和作家同样如此。而且同样无疑，柏拉图也利用“间接表达”并仅仅通过暗示给出某些信息——但是这些在非哲学作者的圈子内也能找到。不过书写批判明白无误地表示，**哲学家**恰恰是在对书写的态度这点上与其他作者区别开来。柏拉图作为**哲学家**，他刻意不将一切托付给书写，并且也不以加密的方式，而是将本原中的“更有价值之物”作为对其作品的帮助保留给口传；正是因此他远离了普通的实践。“间接表达”的技术对他而言始终仅仅是一哲学交流的辅助
手段，由于其不能达到哲学家在辩证谈话中所达成的“清晰与确然”， 151
从而原则上不能取代口头的内传。

回到路德维希·维特根斯坦在《评注汇编》中极富表现力的隐喻（参上文第42—43页）：柏拉图并不拒绝为他“屋子”的“各扇门”上“锁”，其仅仅应为个别读者所注意并且仅仅由他们才能打开。除了柏拉图之外，采用这种保险方式自泰奥格尼斯到维特根斯坦，曾经并且现在都十分普遍。不过仅此对柏拉图而言尚不充分：除了“锁”，还需要一个对所有人可见的指示牌，这里没有故弄玄虚也不含“隐意”，而是指出，除了对话录的“诸房间”还有其他空间；它们只有准备承担口头辩证法“更为漫长道路”之艰辛的人才可能到达。

---

① 泰奥格尼斯681—682，品达《奥林匹亚颂》(Ol.)2.83—86，参Gregory Nagy：《荷马史诗与品达的赞美歌：口传性与现实关联》(Homerische Epik und Pindars Preislieder. Mündlichkeit und Aktualitätsbezug)，载于Wolfgang Raible编：《在节日与日常之间：口传性与书写性十论》(*Zwischen Festtag und Alltag. Zehn Beitr äge zum Thema Mündlichkeit und Schriftlichkeit*)，Tübingen 1988，第51—64页，特别是第52—53页。

最后仍然应该发问，既然已经描述过的种种误解此时愈渐偏离了柏拉图的新形象，这些误解是如何产生的。

情有可原的、普遍的并且也最终是天真的秉好促使人们让过去的伟人与自己时代的观念相互吻合。既然自从近代启蒙以来，知识传播要求的无限公开性取得了胜利并在现今已被确定，并且由于内传主义不再是可能的选择，人们就希望在柏拉图那里也发现这个新态度。在这一背景下，十九世纪与二十世纪的柏拉图研究显得普遍来说既无力严肃对待书写批判，亦无力将其运用于对话录自身。

从细节上看，对对立观点长期以来的偏见也助长了种种误解：人们认为，柏拉图对本原的关注导向对话录的“贬值”，或者导向一个“独断的”（dogmatisch）柏拉图，或者导向某种“秘密学说”（Geheimlehre）。
152 正如我们看见的，这一“贬值”来自柏拉图自己并且可能终归无从为我们所领悟，既然我们确实不能在原本的形式中把握其口传哲学。为何柏拉图对本原的口头阐释就应该，例如比我们在对话录中得到的灵魂学说更为独断，这不可理喻。人们也毋庸在秘密学说面前恐惧：柏拉图并没有将其对本原的思索作为秘密的（ἀπόρρητα）[①]，而是作为“不可提前说的”（ἀπρόρρητα，参上文第87页）。因为这种广泛流传的偏见阻碍了对这一柏拉图式区分的理解，这里就将尝试略微详细地对其进行阐释。

① ἀπόρρητα本意为“不可说之物”，也常意译为geheim，即“秘密的”。——译注

二十六
内传主义与守密之别

只要人们不理解内传与守密之间的区别，就不能完整地理解柏拉图的哲学写作。通过比较以柏拉图之名流传的《书简七》和毕达哥拉斯传统对团体内部学说世俗化的态度，这一区别就清晰可见了。

亚里士多德和阿里斯托克塞诺证明，守密是早期毕达哥拉斯主义者的典型特征[1]。据后世传说，一个叫希帕索斯（Hippasos，或 Hipparchos）的内部成员第一个打破了沉默，并对外公布了一个毕达哥拉斯的数学发现。团体的反应就是将希帕索斯驱逐并且为他建了墓葬：对其他毕达哥拉斯主义者而言，他从此时起就已经“死了”。而作 153
为对他的惩罚，某个神灵终将他溺死于大海之中[2]。

无论这一传说的核心是否真实，它至少展现出守密的内涵何在。神灵执行了正义的惩罚只可能意味着，毕达哥拉斯主义者通过一个誓言而有义务不使共同的知识世俗化（没有宗教性的束缚，诸神也就不会有效力）。只要共同体的政治权力未被动摇，通过宣告死亡来驱逐违规

① 亚里士多德，《残篇》192，Rose编；阿里斯托克塞诺，《残篇》43，Wehrli编。

② Hermann Diels/ Walther Kranz：《前苏格拉底哲人残篇》（*Die Fragmente der Vorsokratiker*），第一卷第六版，第108页=DK18.4。

者是一效力巨大的制裁。驱逐的动机几乎不是关注对应该保守的知识内容之合宜接受：这里事实上涉及数学理论，也就是说，涉及这样一种可尽量不必考虑接受者内在特性而被传达的内容。显然这里首要关注的是知识的特权。于是就不必惊讶，据补述的传闻，希帕索斯也是民主政体的同情者[1]：谁将特权化的知识普遍化，谁显然也就是共同体权力的破坏者。

让我们将此与在《书简七》中可见的态度做一比较。（这一信件之真假，就像希帕索斯传说中可能的历史因素，在此无关紧要：这里仅仅涉及的是常常被错误混淆的两种基本态度之区别。）

狄奥尼修斯（Dionysios）没有被指责违背了誓言。柏拉图这里也没有召唤诸神对其行使惩罚；是的，他压根儿就没有想过警告将此人
154 驱逐出学园或者驱逐出叙拉古的政治和哲学朋友圈。相反，他还提及了关于狄奥尼修斯积极的一面并且拒绝支持反对他的战争（338d6，340a，350cd）。但是一个异常严厉的指责并未改变：柏拉图在私人授课中论及自己哲学活动的最终目标，狄奥尼修斯居然将所闻以书本形式传播。他的动机只能是"可恶的虚荣心"（344e2）。与柏拉图本人相反（344d7），狄奥尼修斯对处理的对象没有感到什么"敬重"，也不畏惧散播那些仅有经过长时间哲学上准备才能理解的事物，这些事物极可能面临被非哲学的接受者，甚或心怀恶意的接受者误解与扭曲的危险。柏拉图在此关注的不是学园的特权和影响，相反对他而言，误识了其哲学旨趣及可能贬低他深信不疑之物的客观价值乃是令人伤神的。对狄奥尼修斯公开关于其口头哲学的只言片语，他的反应不是道德上的义愤，而是一种莫可名状的属于人之常情的失望。

于是，两种态度的对立就清晰可见：守密建立在强迫的基础上。谁违背、破坏了誓言，就得承受其当下所属团体的制裁。守密希望将特权

① 扬布里柯（Iamblichos）：《毕达哥拉斯生平》（*De Vita Pythagorica*）257 =DK18.5。

化的知识保守在团体的资产之内，并由此维持其权力：因此被秘密保留的知识是朝向目的的手段。

内传主义是一种理性的戒令，而非集体强迫的结果。谁违背了内传式的保守并不会受到制裁；他没有因此伤害到共同体，而是伤害到与之相关的实事：如果在缺乏适宜准备的前提下，需要前提颇多的本原之思被错误地接受，那么它就不能展开一个积极的影响。哲学知识不是 155
目的的手段，而是目的本身（Selbstzweck），并应该以必要的谨慎被恰当地传授，而不是被机械地散播。总而言之：内传主义涉及实事，守密则关涉权力。

尽管如此，从二十世纪的视野来看这一区别可能显得并不重要：人们也许坚持唯一确定的是，这两种基本态度都行使着对知识传播的限制性操控。对此只能回复，对柏拉图的评介并不受限于二十世纪单方面的视界。我们现代的信念，即所有的研究与知识不受限制地传播是可期望的，但从历史上说，这也是一个新现象：它首先在十七世纪与随后的启蒙和信仰进步的时代才最终得以贯彻。相反《书简七》认为将柏拉图的口传哲学不加区分地传播不利于目标之达成（341e1—2）。这与书写批判（《斐德若》275e1—3）的观点显然相合。强使柏拉图接受近代原则上的公开性恐怕完全是非历史的。如果这样的态度被排除，那么两种“限制性的”知识传播形式之别就愈发重要了。如果人们最终想到自由的、有理性确定的抉择在柏拉图思想中的重要性，那么人们就会毫不犹豫地将这一根本的重要性也归于内传主义与守密的区分。

二十七
柏拉图的哲学概念和对话录的目标设定

在柏拉图的哲学概念面前，不顾一切代价地将它与现代思想习惯相协调的倾向也站不住脚。不少解释者希望在他那里再次发现德国浪漫派的无限主义（Infinitissmus）。他们宣称，依据柏拉图，哲学是思想无终地在途中存在（Unterwegssein），是始终不断的追求和探索，并确然无法达到最终的目标；哲学家之所言，无一不会遭到他自己随即而至的质疑；哲学命题据此总是暂时的命题，哲学真理总是随时提取的真理。

我们今天知道，特别由于汉斯·克雷默与卡尔·阿尔伯特系统和历史的论证，这一观念与柏拉图的哲学概念全无相应之处[①]。

柏拉图在作品中从没有将辩证法视为另一种超越人类认识方式、乌托邦式的不实幻境，而是作为一个实在的可能性，作为一条朝向可以

---

① Krämer：《柏拉图与形而上学的本原》（*Platone e i fondamenti della metafisica*），Milano 1982；氏著：《费希特、施莱格尔和柏拉图阐释的无限主义》（Fichte, Schlegel und der Infinitismus in der Platondeutung），载于《德国文学学与精神史季刊》（*Deutsche Vierteljahrsschrift für Literaturwissenschaft und Geistgeschichte*）62，1988，第583—621页；Karl Albert：《论柏拉图的哲学概念》（Über Platons Begriff der Philosophie），载于《哲学丛刊》（*Beiträge zur Philosophie I*），St. Augustin 1989。

抵达目标的通彻之路。当灵魂到达了目的地和“漫游的终点”，便从探寻的艰辛中得到了宁静（参《政制》532e）。这一目标即善之理念，它是人类的努斯（Nus）可能认识的，正如其在感官世界的相似物太阳对于人之双眼是可见的（《政制》516b，517bc）。本原的知识属于神并也从属于那些接近神的人，即那些哲学家（《蒂迈欧》53d）。这样在本原知 157
识和理念知识那里出现了“与神相匹”，这也同时是人类本体的和伦理的目标（参《政制》500c，613b，《泰阿泰德》176b，《斐德若》253b，《蒂迈欧》90d，《礼法》716c）。理念认识乃是经久可靠的知识，是ἐπιστήμη[①]；而ἐπιστήμη以论证与正确事物“牢牢”“相系”，由此使得理念认识持久（《美诺》98d）并在不断的质疑与翻新表述面前得以维持。“与神相匹”当然并没有扬弃掉人与神的存在论差异。这一差异不在于人无法达到至关重要的理念知识和本原知识——《会饮》210e，《斐德若》294c，《斐多》107b均言及目标的到达——而是在于人在构成了神之本质的知识那里只能暂时逗留，并要不断再次陷入与非本质之物的交往之中。于是爱若斯代表了哲学的本质：它虽然达到了它所追求之鹄的，但是所及之物在它面前又再次飘散（《会饮》203e）[②]。

哲学讲辞始终面临着被误解的危险，对话录不断给出了相关的例证。理念知识不是当时可以一蹴而就的。认知的对象非常不同：“最美的和最意味隽永的事物”不是有形的（unkörperlich），尽管其拥有更高的存在论级序，但很难被认知（《政治家》285d10—286b2）。同样，在这一领域之内仍存在级序之差异（《政制》485b6），根据洞喻的证明，认知的困难随着在本体意义上对极点的接近而递增（《政制》515c4—517b7）。思想越接近困难的本原知识，对某种畅通无碍的交流就越少 158

---

① ἐπιστήμη一般意义为知识，特别是有系统的知识或科学，在柏拉图传统那里专指其哲学，属于认知的最高形态，可对参《政制》中的线喻。——译注

② 关于此参Albert：《论柏拉图的哲学概念》，第20—30页，特别是第27页。

信任。书写最终没有达到知识“清晰和确然”的程度，而对辩证家而言，“清晰和确然”正是在本原的领域必不可少的。

柏拉图从中得出的结论就是，哲学家擅长不将其思想完全托付给书写。其保守的动机出自面对“神圣”哲学的责任。既然柏拉图呼吁书写者的理性（《斐德若》276bc，参《书简七》343a, 344cd），他就想到了一个自由的抉择：被保留的东西原则上是可传达的，即使在书写之中。从内容上看，它是“更有价值的东西”，即其论证来自“更高的原则”。

据此，对话录并不意欲成为整个柏拉图哲学完备无缺的引介，它们也没有展现出其思想各方面最新的状态。尽管如此，它们所揭示的仍是某种无价之宝：它们展现了哲学的道路，受到错误与局限束缚的个体，正如我们，找寻这样的道路并行走于其上。通过其栩栩如生的鲜活性，对话录展开了一种无可比拟的劝勉效力，即勉励读者转向哲学。而劝勉之术（Protreptik）尚未穷尽一切：我们不仅经验到对哲学的追求和如何踏上行程，而且经验到在朝向本原的哲学道路上关键的步骤。既然正是“更有价值事物”客观上的重要性拥有最为强烈的劝勉效果，那么劝勉术就不应该与重要事物的讨论相分离。这样，尽管不可忽视书写批判限制了哲学家的书写使用，但更有价值的事物还是以某种方式被展现出来。

于是，柏拉图对话录应该被视为柏拉图哲学带有指示特征的残篇。
159 形式对内容而言也应是根本性的。对话录由此应作为**戏剧**被阅读：这出剧不仅伴随着贯穿始终的情节，也精心地配备了角色。其情节不断展现出，哲学论证不是像商人供货那样可以随意使用，而是根据接受者智性和道德的成熟度才可分享。其次它也显示，只有一种类型的人，即理念哲学的代表者，有能力根据“帮助成效”（Hilfeleistungen）提升论证水准，并且以此通过哲学家的身份测试。无论面对那些极度愚蠢还是极度聪慧的人，辩证家都具有哲学上不可超越的卓越性；与之相比，前者无论如何都是尚未成熟的，尚未取得充分发展的。这是一个始终出现却并不单调乏味的角色配置。在这样实力失衡的情况下，辩证家一定要作为对话的引导者；他引领谈话伙伴达成与他们的认识水准相协调的一致（Übereinstimmungen）。角色配置的清晰性确保了所达成的一致不是随意和无关紧要的，而是典型性的——这就是说，在这些确定的前提下可达成的最佳结果。于是，在经过一些曲折之后最终一致所达成的东西，必须作为就作者层面而言有效的信息而被严肃对待。应该被严肃对待的还包括空略段落，它们不是从局部（a parte）着眼所做的注释，而是决定了对话录的结构并被嵌入到情节的进程之中，它们让人们注意，还有引向其他根基更深的一致的可能。

于是对话录通过始终贯彻的文学技艺指向柏拉图的口头哲学。同 160
样由此，对话录证明自己在书写批判的意义上乃是一位**哲学家**的作品。

原书文献目录

Albert, Karl:《论柏拉图的哲学概念》(*Über Platons Begriff der Philosophie*), 载于《哲学丛刊》(*Beiträge zur Philosophie I*), St. Augustin 1989

Baudy, Gerhard J.:《阿多尼斯花圃：古代种子象征学研究》(*Adonisgärten: Studien zur antiken Samensymbolik*), Frankfurt a. M. 1986, (Beiträge zur klassischen Philologie 176)

Cerri, Giovanni:《柏拉图的交际社会学家们》(*Platone sociologo della comunicazione*), prefazione di Bruno Gentili, Milano 1991

Cherniss, Harold:《亚里士多德的柏拉图批评与学园》(*Aristotle's Criticism of Plato and the Academy*), Baltimore 1944, 1946 第二版

"Derveni-Papyrus":《德维尼的奥尔弗斯纸草》(Der orphische Papyrus von Derveni), 载于《纸草学与碑铭学期刊》(*Zeitschrift für Papyrologie und Epigraphik*)第47期, 1982, 第300页以下

Diels, Hermann/Kranz, Walther:《前苏格拉底哲人残篇》(*Die Fragmente der Vorsokratiker*), 德希对照三卷本, 卷I与卷II, Berlin 1951 第六版, 1992重印, 卷III, 1952第六版, 1990重印

Edelstein, Ludwig:《柏拉图之匿名》(Platnic Anonymity), 载于《美国语文学学刊》(*American Journal of Philology*)第83期, 1962, 第1—22页

Euler, Michael:《帮助与隐意》(Hilfe und Hintersinn), 载于《理解斐德若》(*Understanding the Phaedrus*), 乃“第二届柏拉图研讨会记录”(Proceedings of the II Sympoisum Platonicum), Livio Rossetti编辑, St. Augustin 1992

——《柏拉图对话录中的窘境之意义: 引导哲学之思的练习短文》(*Der Sinn der Aporien in den Dialogen Platons. Übungsstücke zur Anleitung im philosophischen Denken*)(Untersuchungen zur antiken Literatur und Geschichte 25), Berlin/New York 1987

Friedländer, Paul:《柏拉图》(*Platon*), 三卷, 卷I与卷II, Berlin 1964第三版, 卷III, 1975第三版

Gadamer, Hans-Georg:《柏拉图与亚里士多德之间的善之理念》(*Die Idee des Guten zwischen Plato und Aristoteles*)(Sitzungsberichte der Heidelberger Akademie der Wissenschaften, Philos. -histor. Klasse 1978, 3), Heidelberg 1978

——《柏拉图辩证的伦理学:〈菲勒布〉的现象学阐释》(*Platons dialektische Ethik. Phänomenologische Interpretationen zum Philebos*), Leipzig 1931

——《真理与方法: 哲学释义学的基本特征》(*Wahrheit und Methode. Grundzüge einer philosophischen Hermeneutik*), Tübingen 1960, 1965第二版

Gaiser, Konrad:《作为哲学作家的柏拉图: 柏拉图对话录释义学的尝试》(*Platone come scrittore filosofico. Saggi sull' ermeneutica dei dialoghi platonici, con una premessa di Marcello Gigante*)(Istituto Italiano per gli Studi Filosofici. Lezioni della Scuola di Studi Superiori in Napoli 2), Napoli 1984

——《柏拉图的未成文学说: 科学在柏拉图学派处系统与历史地奠基研究》(*Platons ungeschriebene Lehre. Studien zur systematischen und geschichtlichen Begründung der Wissenschaften in der Platonischen Schule*),Stuttgart 1963,1968第二版

Griswold, Jr., Charles L.:《柏拉图〈斐德若〉中的自我认知》(*Self-Knowledge in Plato's Phaedrus*),New Haven-London 1986

Hegel, Georg Wilhelm Friedrich:《作品集》(*Werke*),理论版(Theorie-Werkausgabe),二十一卷,Frankfurt a. M. 1970年起陆续出版;《哲学史讲演录》(*Vorlesung über die Geschichte der Philosophie*),卷二,Frankfurt a. M. 1971

Keulen, Hermann:《柏拉图〈欧绪德谟〉研究》(*Untersuchungen zu Platons „Euthydem"*),Klassisch-Philologische Studien 37,Wiesbaden 1971

Krämer, Hans Joachim:《柏拉图与亚里士多德论德性:论柏拉图式的存在论之历史与本质》(*Arete bei Platon und Aristoteles. Zum Wesen und zur Geschichte der platonischen Ontologie*),Abhandlungen der Heidelberger Akademie der Wissenschaften, Philosophisch-Historische Klasse,1959,6,Heidelberg 1959,Amsteradem 1967第二版

——《费希特、施莱格尔和柏拉图阐释的无限主义》(Fichte, Schlegel und der Infinitismus in der Platondeutung),载于《德国文学学与精神史季刊》(*Deutsche Vierteljahrsschrift für Literaturwissenschaft und Geistgeschichte*)第62期,1988

——《柏拉图与形而上学的本源:柏拉图的本源理论与未成文学说,附双语版基本文献汇编及目录》(*Platone e i fondamenti della metafisica. Saggio sulla teoria dei principi e sulle dottrine non scritte di Platon e con una raccolta dei documenti fondamentali in edizione bilingue e bibliografia*),Giovvann Reale译并附导言(Pubblicazioni del Centro di Ricerche di Metafisica. Sezione di metafisica del platonismo nel suo sviluppo storico e nella filosofia patristica: Studi e testi 1),Milano 1982, 1989第三版

Lanata, Giuliana编辑、翻译并注释:《前柏拉图之诗:证言与残篇》(*Poetica pre-Platonica. Testimonianze e frammenti*)(Biblioteca di Studi Superiori. Filosophia Antica 43),Firenze 1963

Luther, Wilhelm:《书写逻各斯的诸弱点:一个人文解释的例证,〈斐德若〉(274B6以下)所谓的书写神话试读》(Die Schwäche des geschriebenen Logos. Ein Beispiel humanistischer Interpretation, versucht am sogenannten Schriftmythos in Platons Phaidros (274B6ff)),载于《书院》(*Gymnasium*)第68期,1961,第526—548页

Merkelbach, Reinhold编辑、翻译并注疏:《柏拉图的〈美诺〉》(*Platons Menon*), Frankfurt a. M. 1988

Merlan, Philip:《从柏拉图主义到新柏拉图主义》(*From Platonism to Neoplatonism*),Den Haag 1953,1968第三版

Merton, Robert King:《科学的社会学:理论的与经验的研究》(*The Sociology of Science. Theoretical and Empirical Investigations*), Norman W. Storer编辑并附引论,Chicago/London 1973

Müller, Gerhard:《柏拉图对话录的诸神话》(Die Mythen der platonischen Dialoge), 载于*Nachrichten der Gießener Hochschulgesellschaft* 第32期,1963, 第7—92页; 也载于Gerhard Müller著:《柏拉图研究》(*Platonische Studien*), 由Andreas Graeser与Dieter Maue编辑, Bibliothek der klassischen Altertumswissenschaften 2, 第76册,Heidelberg 1986,第110—125页

Nagy, Gregory:《荷马史诗与品达的赞美歌:口传性与现实关联》(Homerische Epik und Pindars Preislieder. Mündlichkeit und Aktualitäts-bezug), 载于Wolfgang Raible编:《在节日与日常之间:口传性与书写性十论》(*Zwischen Festtag und Alltag. Zehn Beiträge zum Thema „Mündlichkeit und Schriftlichkeit“*)(Script Oralia 6),

Tübingen 1988

Reale, Giovanni:《柏拉图的一个新阐释：未成文学说视域下的经典对话录的形而上学解读》(*Per una nuova interpretazione di Platone. Rilettura della metafisica dei grandi dialoghi alla luce delle "Dottrine non scritte"*)(Pubblicazioni del Centro di Ricerche di Metafisica. Sezione di metefisica del Platonismo ...Studi e testi 3), Milano 1991第十版

Robin, Léon:《从亚里士多德看柏拉图的理念论与数论》(*La théorie platonicienne des idées et des nombres d'après Aristotle. Étude historique et critique*), Paris 1908, Hildesheim 1963重印

Rose, Valentin:《文献所载亚里士多德残篇》(*Aristotelis qui ferebantur librorum fragmenta*), collegit, V.R., Stuttgart 1886, 1967重印

Ross, William David:《亚里士多德残篇选》(*Aristotelis Fragmenta selecta*), recognovit brevique adnotatione instruxit W. D. R, Oxford 1955, 1970重印

——《亚里士多德的形而上学》(*Aristotle's Metaphysics*), a revised text with introduction and commentary by W. D. Ross, 两卷, Oxford 1924

——《柏拉图的理念论》(*Plato's Theory of Ideas*) Oxford 1951, 1976重印

Schaerer, René:《柏拉图式的问题：对话录中思想的与表述的报告研究》(*La question platonicienne. Étude sur les rapports de la pensée et de l'expression dans les Dialogues*), Mémoires d'Université de Neuchâtel 10, Paris/Neuchatel 1938, 1969第二版

Schleiermacher, Friedrich:《柏拉图著作集》(*Platons Werke*), Berlin 1804年起陆续出版, 1817年起陆续出版第二版, 卷I. i 1804, 1817第二版

Stein, Heinrich von:《柏拉图主义史七书：柏拉图体系及其与晚期神学与哲学之关系研究》(*Sieben Bücher zur Geschichte des Platonismus. Untersuchungen über das System des Plato und sein Verhältnis zur späteren Theologie und Philosophie*）三部，Göttingen 1862/1864/1875，1965 Frankfurt a. M. 重印

Szlezák, Thomas Alexander：《学园本原理论的不完备性：以亚里士多德〈形而上学〉卷M和N中之记述为据》（Die Lückenhaftigkeit der akademischen Prizipientheorien nach Aristoteles' Darstellung in Metaphysik M und N），载于Graeser主编：《亚里士多德的数学与形而上学》（*Mathematik und Metaphysik bei Aristoteles*），乃《第十届亚里士多德研讨会档案》（Akten des X. Symposium Aristotelicum），6—12. September 1984（Berner Reihe philosophischer Studien 6），Bern/Stuttgart，1987，第45—67页。

——《柏拉图与哲学的书写性》（*Platon und die Schriftlichkeit der Philosophie. Interpretationen zu den frühen und mittleren Dialogen*），Berlin-New York 1985（修订本：*Platone e la scrittura della filosofia*，Milano 1992第三版）

——《苏格拉底对保密的嘲讽：论〈欧绪德谟〉中的爱智者形象》（Sokrates' Spott über Geheimhaltung. Zum Bild des φιλόσοφος in Platons Euthydemos），载于《古代与西方》（*Antike und Abendland*）第26期，1980，第75—89页

——《〈政制〉卷十中的不朽与灵魂三分》（Unsterblichkeit und Trichotomie der Seele im zehenten Buch der Politeia），载于*Phronesis*第21期，1976，第31—58页

Tennemann, Wilhelm Gottlieb：《柏拉图的哲学系统》（*System der Platonischen Philosophie*），四卷，Leipzig 1792—1795

Vlastos, Gregory：《评克雷默〈柏拉图与亚里士多德论德性〉》（Rez. zu Krämer, Arete bei Platon und Aristoteles［1959］），载于*Gnomon* 35，1963，第641—655页

Wehrli, Fritz：《亚里士多德学派：文本与注疏》（*Die Schule des Aristoteles.*

Text und Kommentar)，十册，Basel 1944年起陆续出版，Basel/Stuttgart 1967/1968重印，1974及1978出版增刊，册二：Aristoxenos，1945，1967第二版

Wilpert，Paul：《亚里士多德关于理念学说的两部早期作品》(*Zwei aristotelische Frühschriften über die Ideenlehre*)，Regensburg 1949

Wittgenstein，Ludwig：《评注汇编：遗稿选》(*Vermischte Bemerkungen. Eine Auswahl aus dem Nachl aβ*)，Georg Henrik v. Wright与Heikki Nyman编，Bibliothek Suhrkamp 535，Frankfurt a. M. 1977

日文版补充文献

Gill, Ch./McCave, M. M.编:《晚期柏拉图的形式与论证》(*Form and Argument in Late Plato*), Oxford 1996

Gonzalez, F.编:《第三条道路: 柏拉图研究的新方向》(*The Third Way. A New Direction in Platonic Studies*), Lanham, Maryland 1995

Griswold, Jr., Ch. L编:《柏拉图的对话录: 对话之途》(*Plato's Dialogues. The Dialogical Approach, Lewiston*), New York 1997

Kahn, Ch.:《柏拉图与苏格拉底式的对话录: 文学形式的哲学使用》(*Plato and the Socratic Dialogue. The Philosophical Use of a Literary Form*), Cambridge/New York 1996

Kobusch, Th./Mojsisch, B.编:《柏拉图: 新研究视域下的对话录》(*Platon. Seine Dialoge in der Sicht neuer Forschungen*), Darmstadt 1996

Press, G. A.编:《柏拉图的对话录: 新的研究与解读》(*Plato's Dialogues. New Studies and Interpretation*), Lanham, Maryland 1993

——《谁为柏拉图言? 柏拉图匿名之研究》(*Who Speaks for Plato? Studies in Platonic Anonymity*), Lanham, Maryland 2000

Russon, J./Sallis, J.编:《重构柏拉图式的文本》(*Retracing the Platonic*

Text), Illinois 2000

Rutherford, R. B.:《柏拉图之艺：柏拉图阐释十论》(*The Art of Plato. Ten Essay in Platonic Interpretation*), London 1995

Sayre, K. M.:《柏拉图的文学花园：如何阅读柏拉图对话录》(*Plato's Literary Garden. How to Read a Platonic Dialogue*), Notre Dame, Indiana, 1995

Seekin, K.:《对话与发现：苏格拉底方法研究》(*Dialogue and Discovery. A study in Socratic Method*), Albany 1987

中译本补充文献

Ackeren, Marcel van编:《理解柏拉图：诸主题与诸视角》(*Platon verstehen: Themen und Perspektiven*),Damstadt 2004

Alber, Karl:《柏拉图与古代哲学》(*Platon und die Philosophie des Altertums*),Dettelbach 1998

Blondell, Ruby:《柏拉图对话录中角色的游戏》(*The Play of Character in Plato's Dialogues*),Cambridge 2002

Büttner, Stefan:《柏拉图的文学理论和其人类学的奠基》(*Die Literaturtheorie bei Platon und ihre anthropologische Begründung*), Tübingen/Basel 2000

Corrigan, Kevin and Glazov, Elena:《柏拉图游戏中的辩证法:〈会饮〉的论证、结构与神话》(*Plato's Dialectic at Play: Argument, Structure, and Myth in the Symposium*),Corrigan 2004

Erler, Michael:《柏拉图》(*Platon*), München 2006

Figa, Günter编:《国际释义学年鉴卷四：柏拉图与释义学》(*Internationales Jahrbuch für Hermeneutik: Platon und die Hermeneutik*),Tübingen 2005

Gaiser, Konrad:《论文集》(*Gesammelte Schriften*), Thomas Alexander Szlezák编,St. Augustin 2004

Hösle, Vittorio:《解释柏拉图》(*Platon interpretieren*), Paderborn(u.a.) 2004

Jannas, Julia编:《新视角下的柏拉图:古代与现代》(*New Perspectives on Plato, Modern and Ancient*), Cambridge 2002

Kim, Jin:《作为逻各斯的诗:一个柏拉图对话形式历史的和释义学的研究》(*Poiesis als Logos: eine historische und hermeneutische Untersuchung zur Form der platonischen Dialoge*), Aachen 2005

Knab, Rainer:《柏拉图的〈书简七〉:文本、翻译、注疏》(*Platons siebter Brief: Einleitung, Text, Übersetzung, Kommentar*), Hildesheim/Zürich/New York 2006

Michelin, Ann N.编:《作为写作者的柏拉图》(*Plato as Author: The Rhetoric of Philosophy*), 2003

Moes, Mark:《柏拉图的对话形式与对灵魂之关照》(*Plato's Dialogue Form and the Care of the Soul*), New York 2000

Radke, Gyburg:《巴门尼德的微笑:普罗克洛对柏拉图对话形式的解释》(*Das Lächeln des Parmenides: Proklos' Interpretationen zur Platonischen Dialogform*), Berlin/NewYork 2006

Reale, Giovanni编:《柏拉图的新形象:关于善之理念的对话》(*New images of Plato: dialogues on the idea of the good*), St. Augustin 2002

Rolf, Geiger:《辩证的德性:柏拉图对话的交谈形式研究》(*Dialektische Tugenden: Untersuchungen zur Gesprächsform in den Platonischen Dialogen*), Paderborn 2006

Schefer, Christina:《柏拉图不可说之体验:通往柏拉图之别途》(*Platons unsagbare Erfahrung: ein anderer Zugang zu Platon*), Basel 2001

Szlezák, Thomas A.:《柏拉图〈政制〉中的善之理念》(*Die Idee des Guten in Platons Politeia*), St. Augustin 2003

——《柏拉图晚期对话录中的辩证家形象:柏拉图与哲学的书写性续》

(*Das Bild des Dialektikers in Platons späten Dialogen: Platon und die Schriftlichkeit II*), Berlin/New York 2004

——编:《柏拉图式的哲学活动》(*Platonisches Philosophieren: zehn Vorträge zu Ehren von Hans Joachim Krämer*), Hildesheim/Zürich 2001

Villers, Jürgen:《字母表之范式: 柏拉图与哲学的书写有限性》(*Das Paradigma des Alphabets: Platon und die Schriftbedingtheit der Philosophie*), Würzburg 2005

Westermann, Harmut:《诗人意图与解释者的目的: 柏拉图对话录中诗歌阐释的理论与实践》(*Die Intension des Dichters und die Zwecke der Interpreteten. Zu Theorie und Praxis der Dichterauslegung in den platonischen Dialogen*), Berlin/New York 2002

征引文献索引

按：条目后数字为原书页码，见本书边码，斜体表示文中脚注

Aristoteles 亚里士多德

Fragmente《残篇》，Rose 编
Frg.192 *152*

Περὶ τἀγαθοῦ《原善》，载于 Ross 编 Ar. Frgm.sel.《亚里士多德残篇选》
Frg.2 *91*

De anima《论灵魂》
402a1—4 *75*

Metaphysik《形而上学》
983a5—7 *74*
987b14—18 *104*
1026a21 *74*
1028b19 *104*
1074b21 *74*
1091b13—15 *93*

Ethica Nicomachea《尼各马可伦理学》
1100a32—b22 *70*
1100b6 *70*
1101b11 *74*
1102a4 *74*
1102a20 *74*
1141a20 *74*
1141b3 *74*
1178a1 *74*

De partibus animilium《论动物分类》
644b25 *74*
644b32 *74*

Aristoxenos阿里斯托克塞诺

Fragmente《残篇》,Wehrli编
Frg. 43 *152*

Euripides欧里庇德斯

Bakchai《酒神的伴侣》
272ff. *49*

Herakleitos赫拉克利特

Fragmente《残篇》,Diels-Kranz编
22b42 *49*
22b93 *115*

Hippasos希帕索斯

Fragmente《残篇》,Diels-Kranz编
18.4 *153*
18.5 *153*

Isokrates伊索克拉底

Panathenaikos《泛雅典颂辞》=讲辞12
12.236 *50*
12.240 *51*
12.240ff. 50
12.265 *51*

Pindar品达

Olympische Oden《奥林匹亚颂》
2.83—86 48,*150*

Platon柏拉图

Charmides《卡尔米德》
155e 28
155e8 89
156a 120
157b1—c6 90
157bc 120
161cd 51
162a 51
163d *82*
169a *64*
174b *23*

174bc 89

Epistulae《书简》
7, 338d6 154
7, 340a 154
7, 341c6—7 146
7, 341e1—2 155
7, 343a 158
7, 344a 116
7, 344b5 18
7, 344cd 158
7, 344d7 154
7, 344e2 154
7, 350cd 154

Euthydemos《欧绪德谟》

275d3—276c7 106
275d4 106
276d7—277c7 106
287d6 *144*
289c7 108
289d2 108
289d8—e1 108
289e1 108
290cd 108—122
290e 123
291a4 123
293a1—3 84
293a2 84
293b—e 106
294a—e 106, 113
294e—296d 106, 113
295b4 107
298b—e 107
301a2—4 107
301a4 107
301a5 107
304b 24

Euthyphron《欧叙弗伦》
3d *23*
11b *23*
14c *23*
15e *23*

Gorgias《高尔吉亚》
462a2 82
482c—486d 16
489e 97
491c—e 97
491d8 97
491e—492c 17, 96
492a2 97

493a *33*
493a3 96
493a7 96
493aff. 17
493b1 96
493cd 97
494bff. 18
497c 17, 97
499bc *23*
513c 17
523a 135
523b—524a 135
526c3—4 135

Hippias maior《大希庇阿》
286d7 83
291e5 83
300bff. 83
300cd *23*
304d *33*, 83
304d4 138

Hippias minor《小希庇阿》
370e *23*
372e1 83
372e6—7 83
373b *23*

Ion《伊翁》
541e *23*

Kratylos《克拉底鲁》
383b—384a *23*
400dff. 52
427de *23*

Kriton《克里同》
49a *33*

Lysis《吕西斯》
218a 106
219cd 89

Menon《美诺》
80df. 106
81a *33*
81c9 107
81cd 107
85d—86b 107
86de *144*
87bc *82*
98a7 73
98d 157

Nomoi《礼法》
713c 103
716c 157
890d4 *81*
891a 81
891 a5—7 *80, 81*
891b—899c 81
891b3—4 *81*
891b4—6 *81*
891c2—3 81
891d7—e1 81
891e5—6 81
893a ff. 138
894a *92*
894a1—8 12
951d—952b 25
961ab 25
968de 25
968e 92, 113
968e4—5 87

Parmenides《巴门尼德》
127bc *144*
135d7 39
136d1—137a6 *62*
137bc *39*

Phaidon《斐多》
66b3—67b2 138
75ab 52
80a3 58
84c—88b 78
88d9—e3 78
91c 15, 145
95e9—96a1 79
96a ff. 78
99d ff. 79
99d—107b 85
100b5 *33*
101de 73, 79
101e 69
102a 78
105b ff. 79
107b 79, 157

Phaidros《斐德若》
229c—230a 52
230e—234c 56, 71
234e—236b 72
235b *72*
236b *72*
237b—241d 56
243e—257b 56
245c1—2 133

245c5—246a2 134
246a *58*, *62*, 75,94,134
246a 4—694
246a ff. *85*, 95, 133
247c ff. *87*
247de *86*
249b 107
249c 69, 94, 157
250b2 73
253b 157
266c1 58
266d—269c 57
270c 94
270d 95
270d1—7 95
271d 95
273d—274a 68, 95
273e 58
273e4—5 96
273e7—8 96
274a *58*, 75, 100
274a2 *62*, 96
274b—278e 56
274b6 58
274b9 58
274c—275b 133
274e—275c 59
274e5 58
275a7 59, *134*
275bc 133
275c6 51
275c6—7 116
275d4—9 63
275d9 149
275de 44, 87
275e 41
275e1—3 155
275e2—3 63
275e3—5 63
276a 44, 77, 141
276a5 141
276a6—7 63, 139
276a7 70
276a8 44, 76
276a8—9 52
276b 61
276b—277a 60
276b2 *61*
276b2—3 62
276b6 61
276b7 62
276bc 70, 158
276c—277a 61
276c3 68

276c3—4 76
276c3—9 62
276c5 *61*
276c9 62, 88
276d 9
276d1—4 41
276d3 65
276d4—8 66
276e 44
276e—277a 124
276e1—3 *66*
276e 2—3 100
276e3 61, 134
276e5 *58*, 62
276e5—277a3 63
276e5—277a4 *70*
276e5—6 76
276e6 62, 63, 141, 148
276e f. 82
277a1 61
277a3 109
277b 68
277b5—8 76
277b8—9 52
277bc 57, 95, 145
277c2 145
277d7—8 116
278a1 40, 65, 76
278a4—5 52
278c 141
278c2—3 67
278c4 69, 76
278c4—e3 68
278c4—5 68
278c6—7 68
278c7 74
278cd 82
278d8 69
278d8—e1 68
279a8 72

Politeia《政制》
327a—c 121
327c 121
331d—336a 52
332 b9 *52*
347e 126
354b 126
357a 125
358b—362c 125
362d9 *79*
632e—367e 125
368b4 *79*
368b7 *79*

368b7—c1 *80*
368c1 *79*
368c3 *81*
368c5 *79*
376d *66*, 110
378d 52
435c4—6 101
435c9—d3 98
435d3 *62*
435e ff. 95
443c—e 126
445c5 *80*
449c4—8 69
474b—480a 74
474b ff. 69
485b—487a 48
485b6 73, 157
487a 116
494b ff. 18
497c 17
500b—d *87*
500c 102, 157
501e *66*, 110
503d 25
503e 99
504a 98
504a ff. 89
504a—c 129
504b2 *62*
504b—d 99
504de 99
505a 99
505a3 *33*
506d8—e3 99
506de 28, 80, 92, 99
508e2—509a4 *73*
509a4—5 *73*, 80
509b9 80
509b9—10 73
509c 28
509c5—10 100
509c9—10 99
509d—511e 85
510c ff. 108, 122
511b 73
511b8 74
511bc 146
515c4—517b7 157
516b 156
517bc 156
518c8—d4 142
518d4 69
518de 102
521c6 69, 142

531c ff. 108, 122
532e 156
532e3 70, 96
532e ff. 89
533a 28, 99, 121
533a1—2 100
533e *82*
534a7 *62*
534c1—3 141
540a 24, 89
585b ff. 102
589d1 102
589e4 102
590d1 102
608c—611a 100
611a—612a 100, 105
611b9—10 *33*
611c6 101
611d2 101, 103
611e 114
611e2 58f
611e4 102
611—612 114
612a4 101, 104
612a5—6 101
613b 157

Politikos《政治家》
261e *82*
285c—287a 39
285d10—286b2 157
285e4 73
286b1 39
304c10—d2 *134*
309c 103

Protagoras《普罗塔戈拉》
317bc 27
320c 132
322d5 133
323a5 133
324d6 132
334c—338e 143
338e 53
338e—347a 53
339b—d 53
340a1 53
341c8—9 53
341d *23*
341d8 *83*
342a—347a 32
342a—e 24
347ab 142
347c—348a 55

347e3—7 *55*
348a5 55
348d *33*
351e8—11 *144*
353a ff. 138
353b4 *144*

Sophistes《智者》
263e *33*

Symposion《会饮》
175bc *33*
199c—201c 128
201e 85, 138
203e 157
203e ff. 106
204b ff. 69
208b 138
210a ff. 85
210e 157
212c 127
214e3—4 141
217c—219d 127
218c 127
218d—219a 128
219bc 128
220cd *33*
221d—222a *115*, 116, 128

Theaitetos《泰阿泰德》
172c—177c 69
176b 157
189e *33*

Timaios《蒂迈欧》
27a 94
28c 144
28c3—5 90
29b 73
29d 134
35a 103
35a—36d 104, 115
41d 103
52cd 91
53d 69, 92, 94, 112, 144, 157
53d6—7 91
68d 134
69b 134
69cd 103
90b 103
90cd 103
90d 157
90d5 103

Plutarch 普鲁塔克

De Iside et Osiride《伊西德和奥西里德》
48, 370F 91

Theagenes 特阿格尼

Fragmente《残篇》, Diels-Kranz 编
8A1—4 *49*

Theognis 泰奥格尼斯
Fragmente《残 篇》,(Diels-Kranz 编)
681 f. 48, *150*

Theophrastos 特欧弗拉斯托

Metaphysik《形而上学》
6b28 *74*
7b14 *74*
10b 26 *74*
11a23 *74*

Xenophanes 色诺芬尼

Fragmente《残篇》, Diels-Kranz 编
21B10 *48*
21B11 *49*
21B15 *49*

人名对照

A

阿德曼托斯 Adeimantos

阿多尼斯 Adonis

阿迦通 Agathon

阿卡比亚德斯 Alkibiades

阿里斯托克塞诺 Aristoxenos

艾希克拉底 Echekrates

艾柯,恩伯托 Umberto Eco

奥西里德 Osiride

B

巴门尼德 Parmenides

庇达柯 Pittakos

毕达哥拉斯 Pythagoras

柏拉图 Platon

柏罗斯 Polos

波吕丢科斯 Polydeukes

波勒马克斯 Polemarchos

鲍狄 Gerhard J. Baudy

D

狄奥尼索多斯 Dionysodoros

狄奥尼修斯 Dionysios

蒂迈欧 Timaios

蒂欧提玛 Diotima

第欧根尼 Theognis

E

俄尔甫斯 Orpheus

F

斐德若 Phaidros

斐多 Phaidon

菲勒布 Philebos

G

高尔吉亚 Gorgias
盖瑟尔 Konrad Gaiser
格劳孔 Glaukon

H

荷尔德林 Hölderlin
荷马 Homer
赫拉克利特 Herakleitos
赫默根尼 Hermogenes

J

伽达默尔 Gadamer

K

卡斯托 Castor
卡尔米德 Charmides
卡利克勒斯 Kallikles
克布 Kebes
克雷默 Hans Krämer
克里同 Kriton
克拉底鲁 Kratylos
克里底亚 Kritias
克莱尼亚 Kleinias
克蒂希波 Ktesippos
克法洛斯 Kephalos
克洛诺斯 Kronos

L

雷亚利，吉奥瓦尼 Giovanni Reale
吕克昂 Lykeion
吕西斯 Lysis
罗班 Léon Robin
隆戈斯 Longos

M

梅格罗斯 Megillos
美诺 Menon
弥尔顿，罗伯特 Robert K. Merton

O

欧叙弗伦 Euthyphron
欧绪德谟 Euthydemos
欧里庇德斯 Euripides

P

品达 Pindar
彭透斯 Pentheus
普罗塔戈拉 Protagoras
普罗狄科 Prodikos
普鲁塔克 Plutarch

S

色诺芬尼 Xenophenes

梭伦 Solon

苏格拉底 Sokrates

施莱尔马赫 Schleiermacher

T

塔穆斯 Thamus

忒伍特 Theuth

腾尼曼 W. G. Tennemann

泰阿泰德 Theaitetos

泰奥格尼斯 Theognis

坦塔洛斯 Tantalos

特奥多罗 Theodoros

特里西亚 Teiresias

特欧弗拉斯托 Theophrastos

特拉叙马霍斯 Thrasymachos

瑞吉恩的特阿格尼 Theagenes von Rhegion

陀斯妥耶夫斯基 Dostojewski

W

维特根斯坦 Wittgenstein

维尔佩特 Paul Wilpert

X

希默尼德 Simonides

希米阿斯 Simmias

希庇阿 Hippias

希罗多德 Herodot

希帕索斯 Hippasos，或 Hipparchos

Y

亚里士多德 Aristoteles

伊翁 Ion

伊西德 Iside

伊索克拉底 Isokrates